ORIGAMI FÜR KINDER

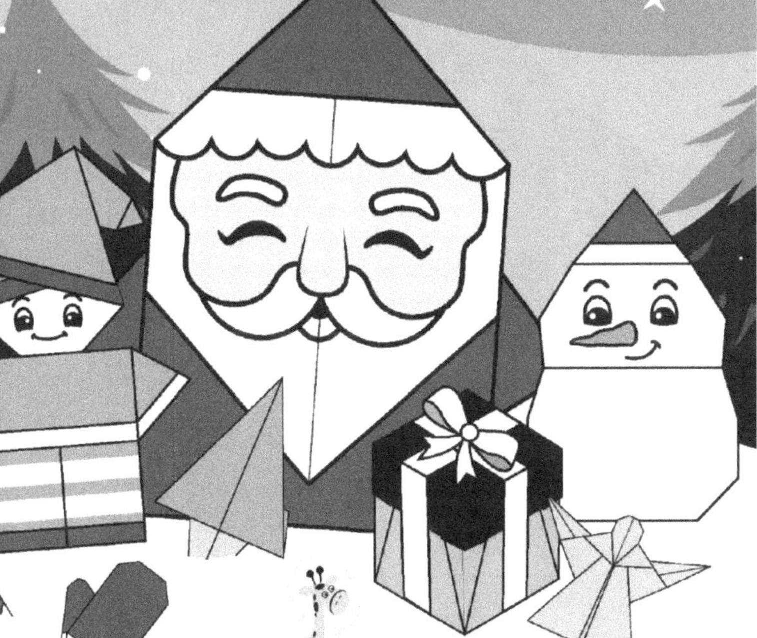

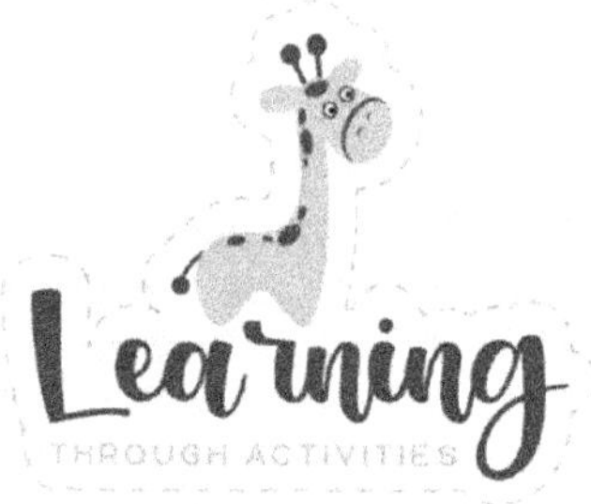
Learning
THROUGH ACTIVITIES

Inhaltsverzeichnis

Einführung

Origami ist die Kunst, ein Blatt Papier ohne Hilfsmittel wie Schere oder Klebstoff in eine Skulptur zu verwandeln. Das Blatt ist normalerweise quadratisch, kann aber auch rechteckig sein oder andere Formen annehmen, wie du gleich sehen wirst.

Diese Technik fördert die Kreativität, die Konzentration, das abstrakte Denken, die Feinmotorik und die Hand-Augen-Koordination. Emotional gesehen ist es eine tolle Aktivität, um sich zu entspannen und die Geduld zu verbessern.

In "Weihnachts-Origami für Kinder" findest du 20 unglaublich coole Weihnachtsfiguren und -dekorationen, mit denen du entdecken kannst, was für ein tolles Hobby das Papierfalten ist! Du fängst mit einfachen Motiven an, die nach und nach immer komplizierter werden. Du wirst sogar lernen, Motive zu falten, für die mehr als ein Blatt Papier benötigt wird!

Vergiss nicht: Wenn du deine Figuren und Dekorationen lustiger oder realistischer gestalten willst, kannst du einen Stift nehmen und so viele Details zeichnen, wie du möchtest. Einige Ideen findest du bereits in diesem Buch, aber du kannst sie gerne abändern!

Bist du bereit für ein bisschen Weihnachtsspaß?
Dann leg los!

Symbole

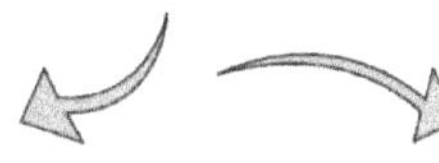

Talfalte, Vorwärtsfalte.
Bergfalte, rückwärts falten.
Falzlinie.

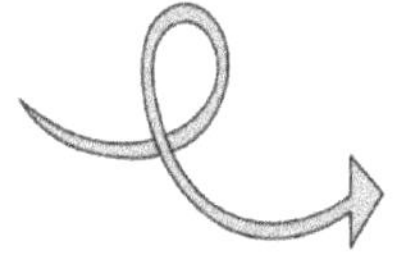

Falten in diese Richtung.

Umdrehen

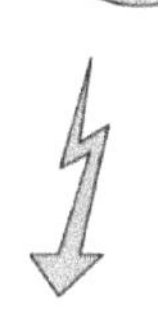

Falte sie im Zickzackmuster.

Zeigt das Ergebnis nach jedem
Schritt an.

Quadratisches Blatt

Rechteckiges Blatt

Pentagon Blatt

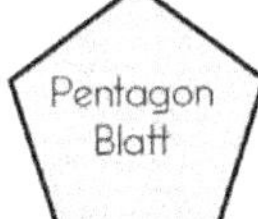

Alle Blätter haben
zwei Schattierungen,
um jeden Schritt
besser zu zeigen.

Pentogon-Blatt

Du brauchst ein fünfeckiges Blatt (ein Stück Papier mit fünf Seiten), um eines der Designs in diesem Buch herzustellen. Keine Sorge, es ist ganz einfach, eines aus einem quadratischen Blatt zu machen. So machst du es:

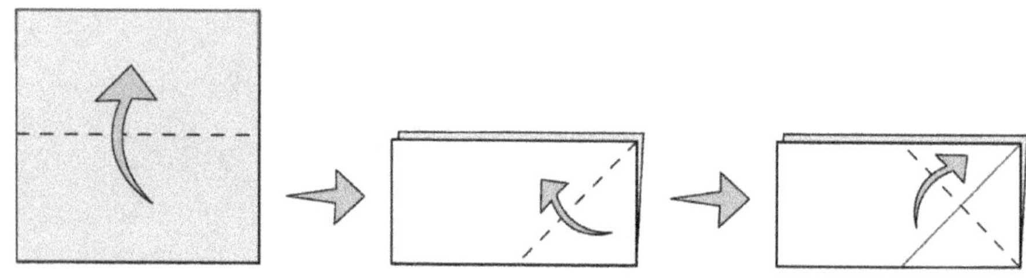

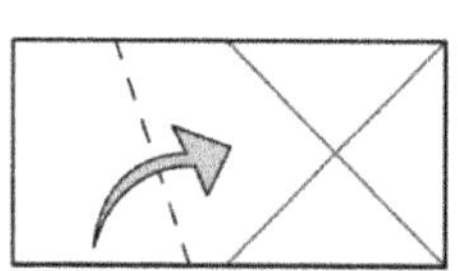

Schritt 1

Falte das Blatt in der Hälfte zusammen.

Schritt 2

Falte die untere rechte Ecke diagonal nach oben und falte sie auf. Wiederhole den Vorgang mit der oberen rechten Ecke.

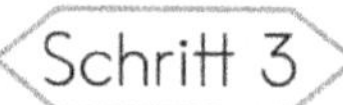

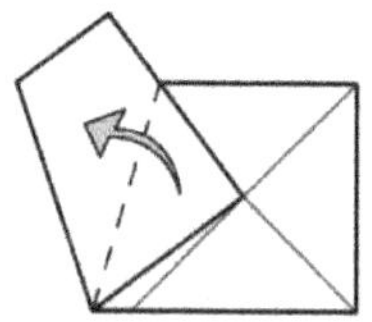

Schritt 3

Bringe die untere linke Ecke zu dem Punkt, an dem sich die beiden Falten, die du gerade gemacht hast, treffen.

Schritt 4

Falte die gleiche Ecke wie gezeigt nach außen.

Pentogon-Blatt

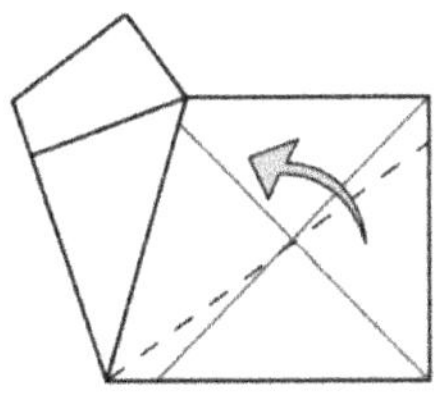 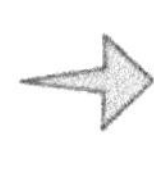 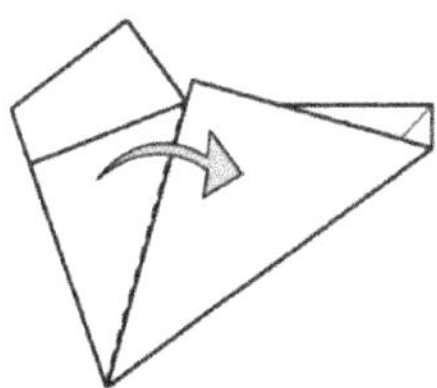

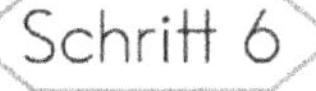

Falte die untere rechte Ecke entlang
der Linie, die von der unteren
linken Ecke bis zu dem Punkt
verläuft, an dem sich die Falten aus
Schritt 2 treffen.

Falte die Figur entlang
der Kante der eben
gemachten Klappe nach
hinten.

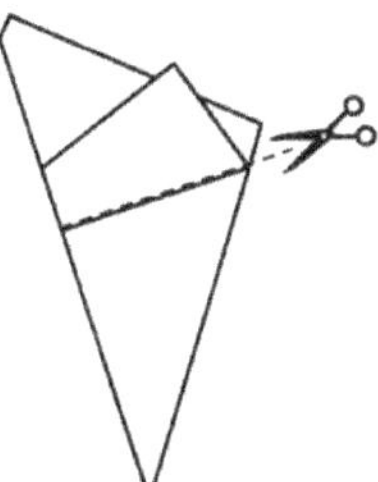

Schneide entlang der auf
der Zeichnung gezeigten
Linie.

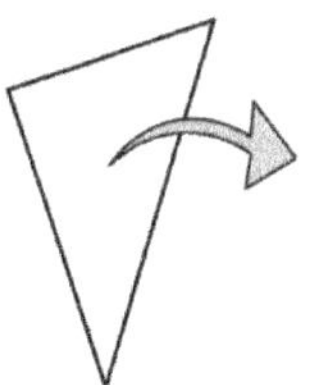

Entfalte alles.

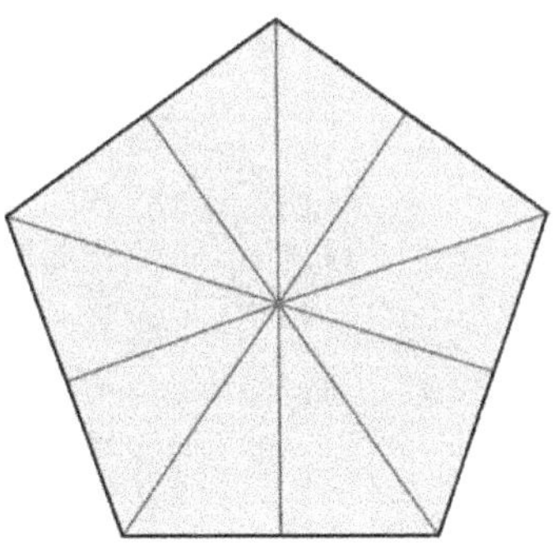

Stechpalmblatt

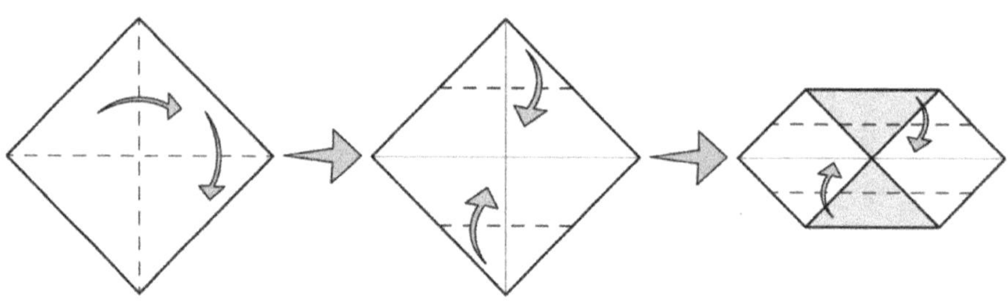

Schritt 1

Falte das Blatt an beiden Diagonalen und entfalte es.

Schritt 2

Bringe die oberen und unteren Ecken in die Mitte des Blattes.

Schritt 3

Bringe die obere und untere Kante zur horizontalen Mittellinie aus Schritt 1.

Schritt 4

Falte die linke Hälfte der Figur wie gezeigt diagonal nach unten.

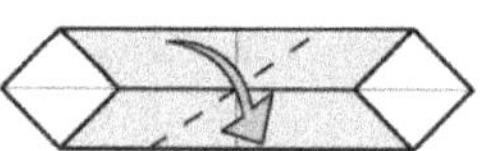

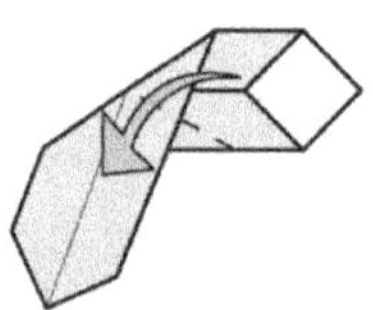

Schritt 5

Falte die rechte Seite wie gezeigt über die andere Seite.

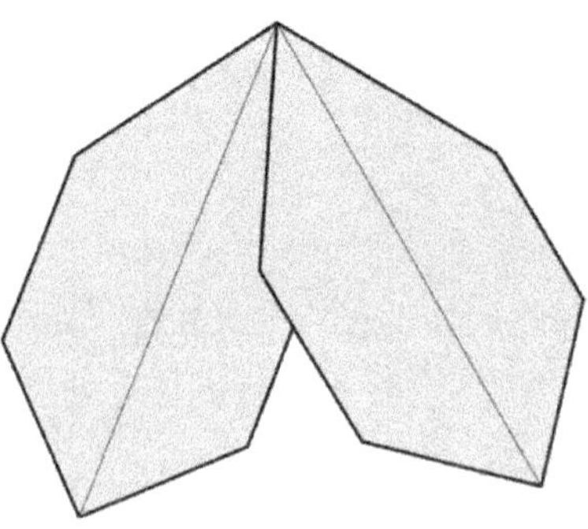

Stechpalmblatt

Kerze

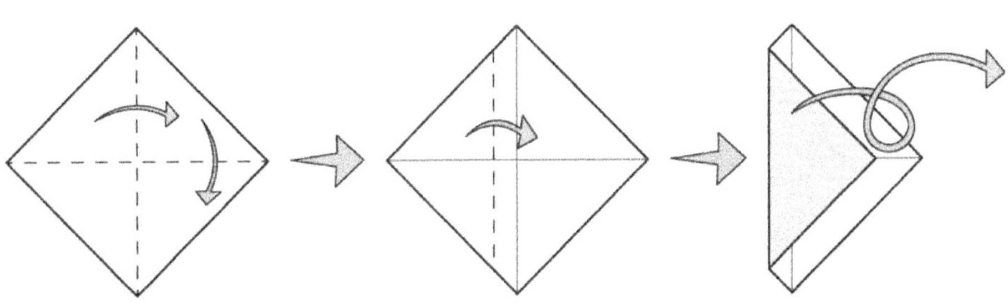

Schritt 1

Falte das Blatt an
beiden Diagonalen
und entfalte es.

Schritt 2

Falte die linke Ecke nach innen und lasse
dabei eine kleine Lücke zwischen dieser
Falte und dem vertikalen Knick, den du
gerade gemacht hast. Dann drehst du die
Figur um.

Schritt 3

Falte die Figur wie gezeigt immer
wieder auf sich selbst. Falte dann
die untere Ecke nach oben.

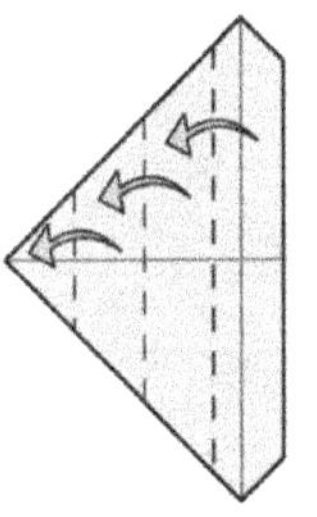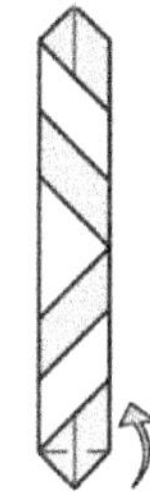

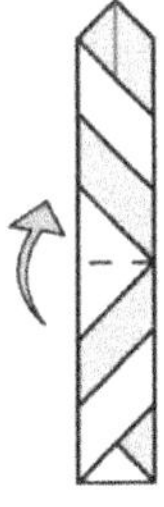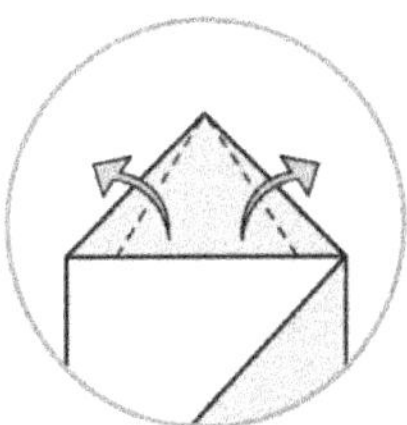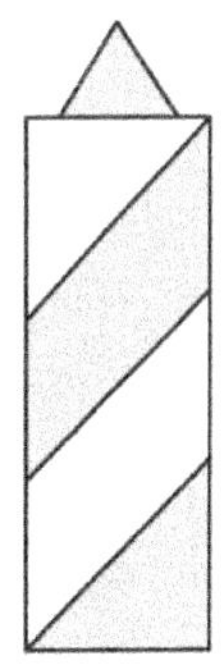

Schritt 4

Falte die Figur in der Hälfte nach oben und falte
dann die Seiten der oberen Ecke wie gezeigt
nach hinten.

Kerze

Zuckerstange

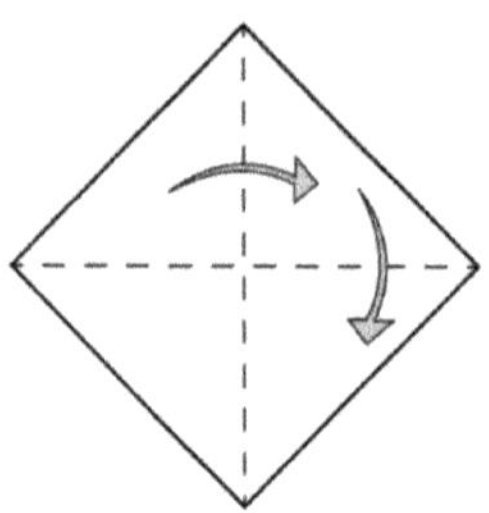  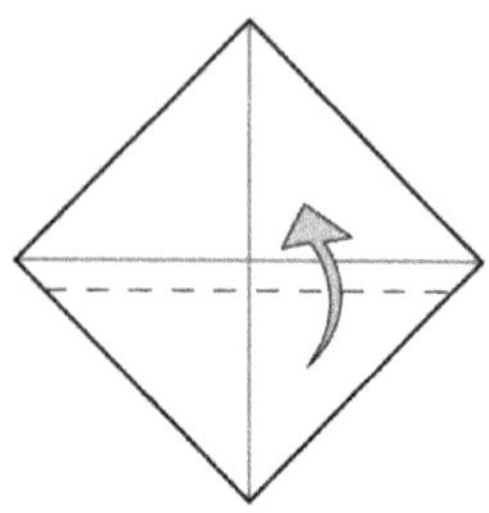

Schritt 1

Falte das Blatt an beiden Diagonalen und entfalte es.

Schritt 2

Falte die untere Ecke nach oben und lasse dabei eine kleine Lücke zwischen seiner Falte und dem horizontalen Knick, den du gerade gemacht hast.

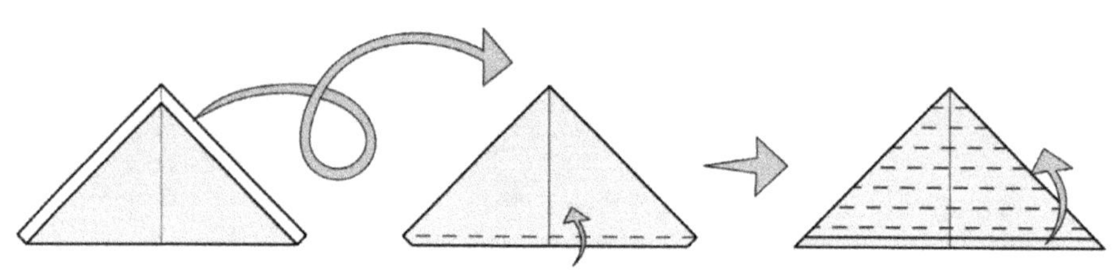

Schritt 3

Drehe die Figur um und falte sie wie gezeigt immer wieder auf sich selbst.

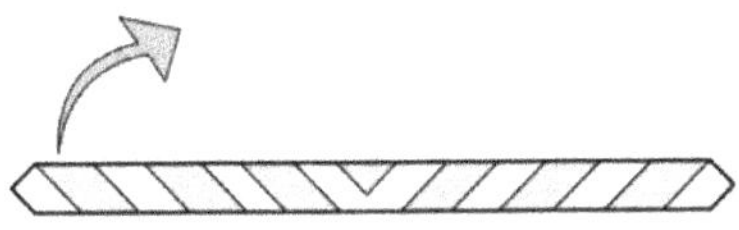
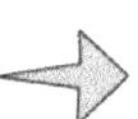
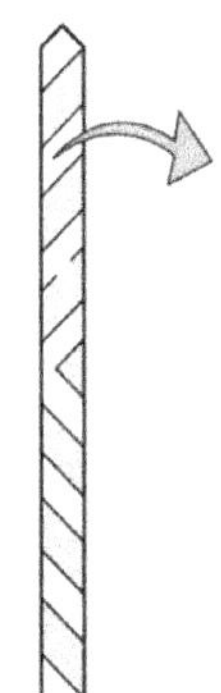

<< Schritt 4 >>

Drehe die Figur wie gezeigt und falte ihre Oberseite diagonal nach unten, sodass sie waagerecht liegt.

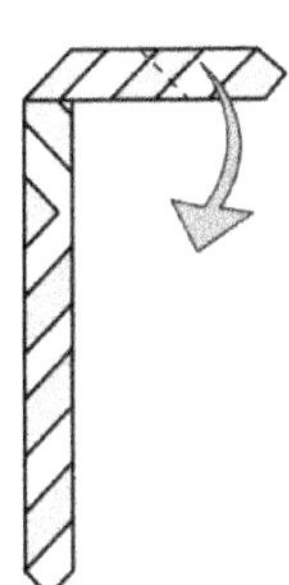

<< Schritt 5 >>

Falte die Spitze desselben Abschnitts wie gezeigt diagonal nach unten und nach hinten.c

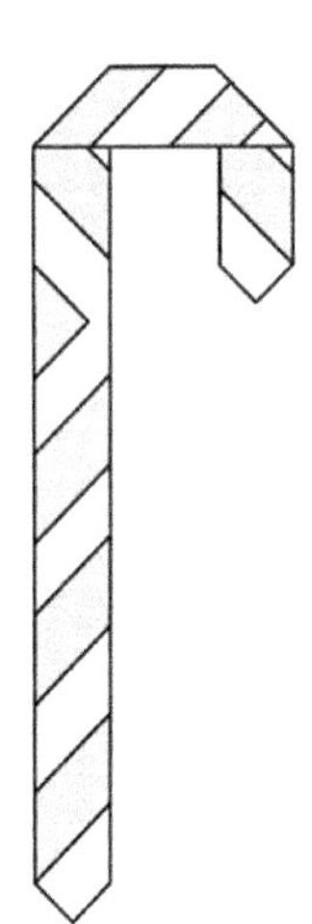

<< Zuckerstange >>

Weihnachtsbaum

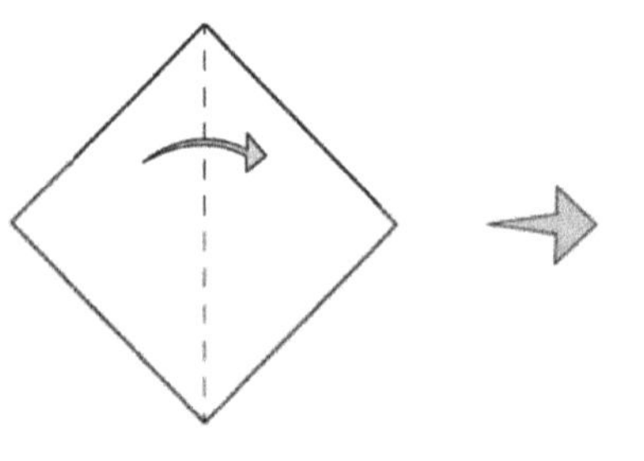

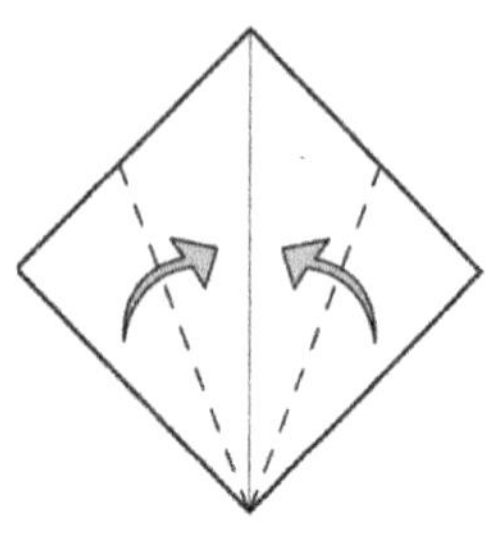

Schritt 1

Falte das Blatt diagonal und falte es auf, so dass eine Falte entsteht.

Schritt 2

Bringe beide Seitenecken bis zu dieser vertikalen Mittellinie.

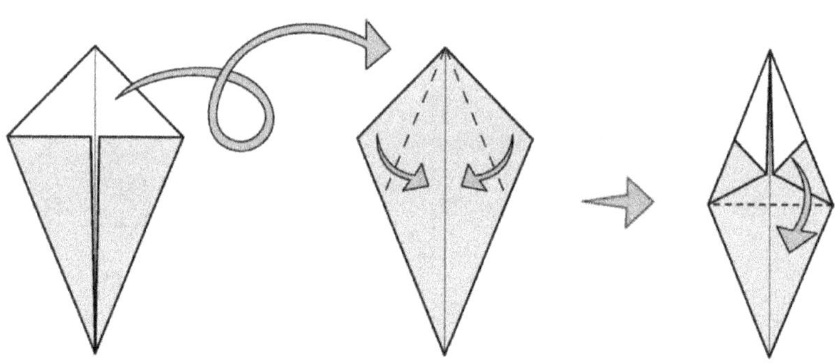

Schritt 3

Drehe die Figur um.

Schritt 4

Falte beide Seitenecken nach unten zur vertikalen Mittellinie.

Schritt 5

Falte die untere Hälfte der Figur nach hinten.

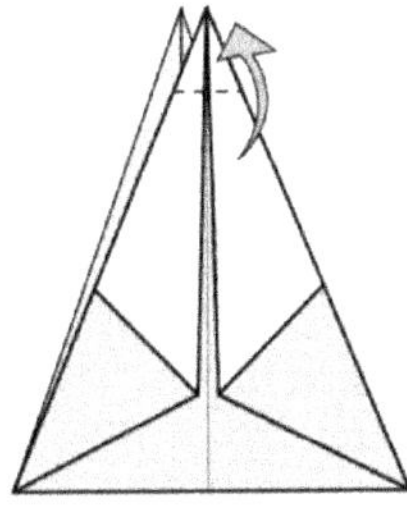  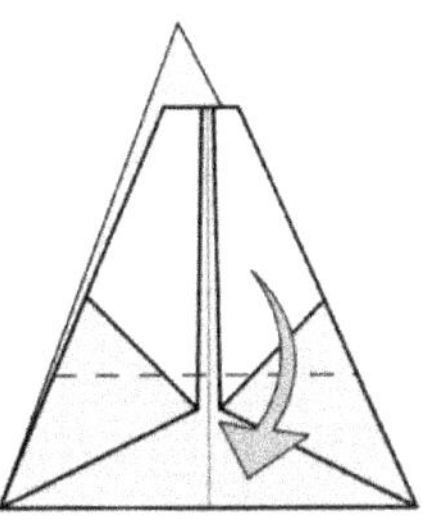
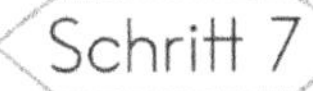

◇ Schritt 6 ◇

Falte die Spitze der
obersten Lage wie
gezeigt nach hinten.

◇ Schritt 7 ◇

Falte die obere
Lage wie gezeigt
nach unten.

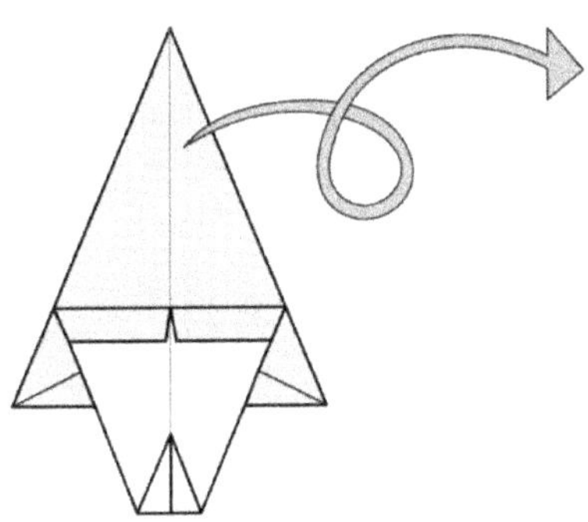

◇ Schritt 8 ◇

Drehe die Figur um.

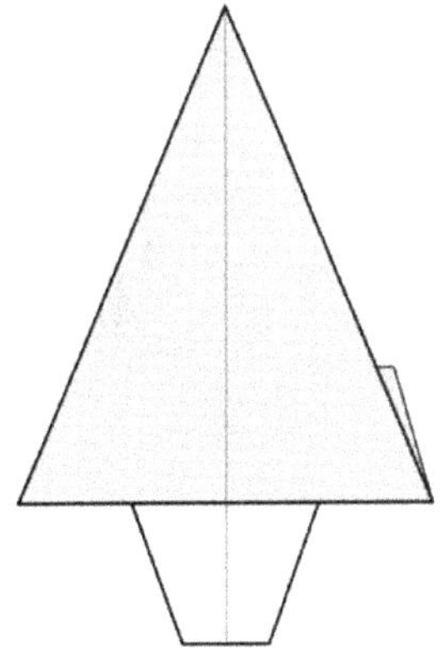

◇ Weihnachtsbaum ◇

Glocke

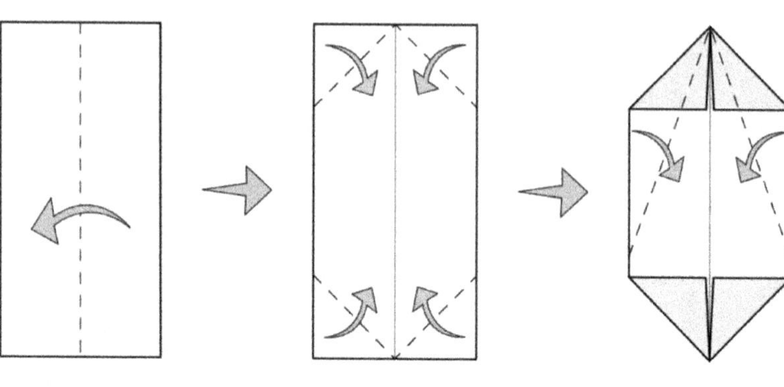

Schritt 1

Nimm ein rechteckiges Blatt (halb so groß wie A4) und falte es der Länge nach in der Mitte, so dass eine Falte entsteht.

Schritt 2

Falte alle Ecken diagonal zu dieser vertikalen Mittellinie.

Schritt 3

Falte die Oberseite beider Seiten wie gezeigt in Richtung der vertikalen Mittellinie.

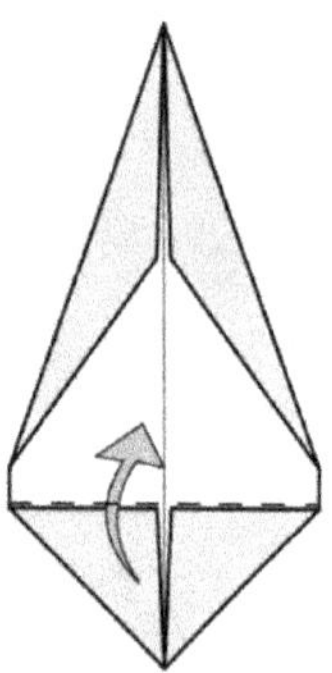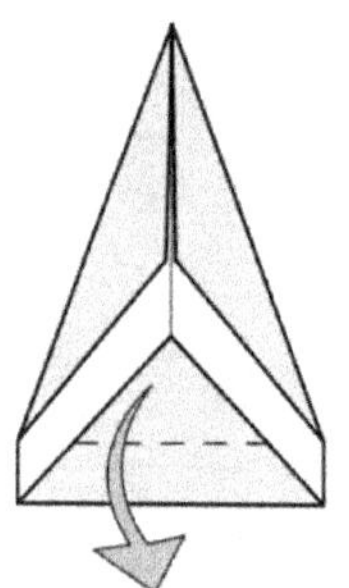

Schritt 4

Falte die untere Ecke genau über die Laschen aus Schritt 2 nach oben. Falte sie dann wie gezeigt wieder nach unten.

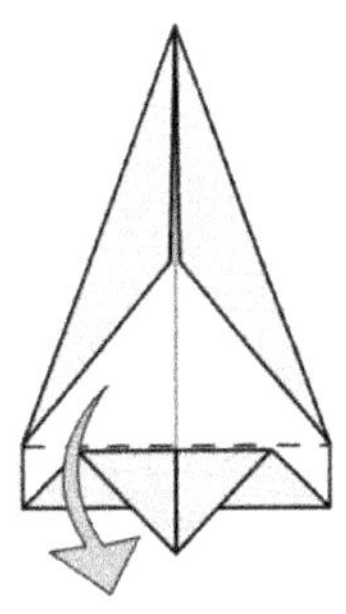  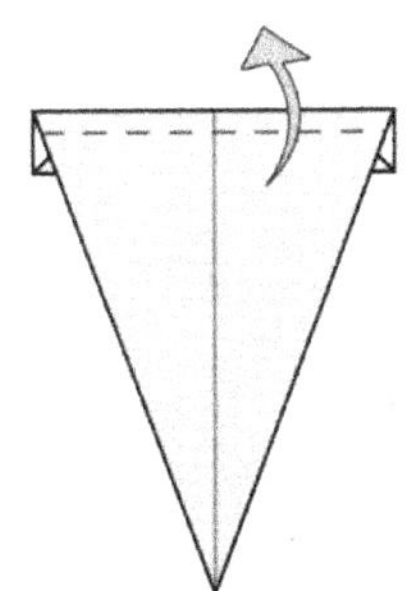  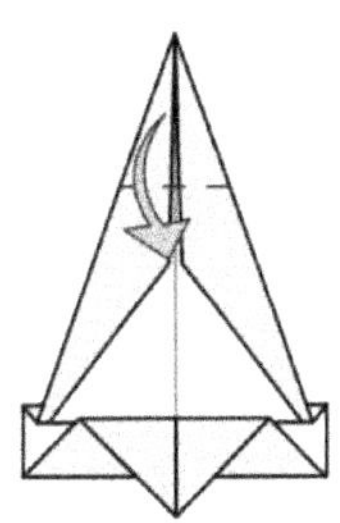

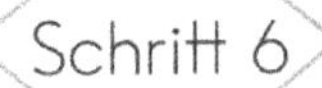

Schritt 5

Falte nun die Oberseite der Figur genau über der eben gemachten Klappe nach unten.

Schritt 6

Falte es wieder nach oben, sodass zwischen den beiden Falten ein kleiner Spalt bleibt.

Schritt 7

Falte die obere Ecke wie gezeigt nach unten.

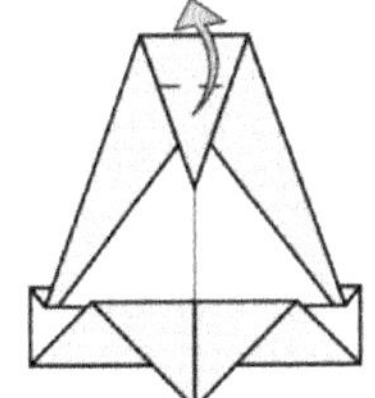

Schritt 8

Falte es dann wie abgebildet nach oben.

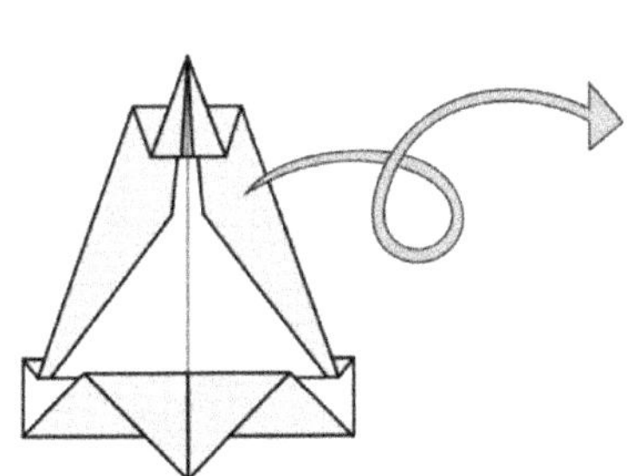

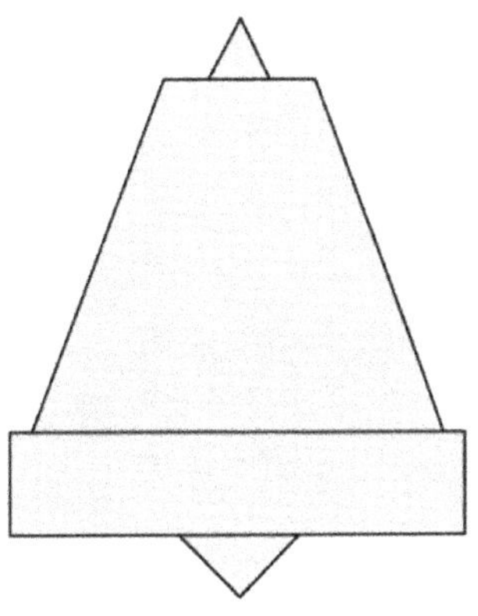

Schritt 9

Drehe die Figur um.

Glocke

Kranz

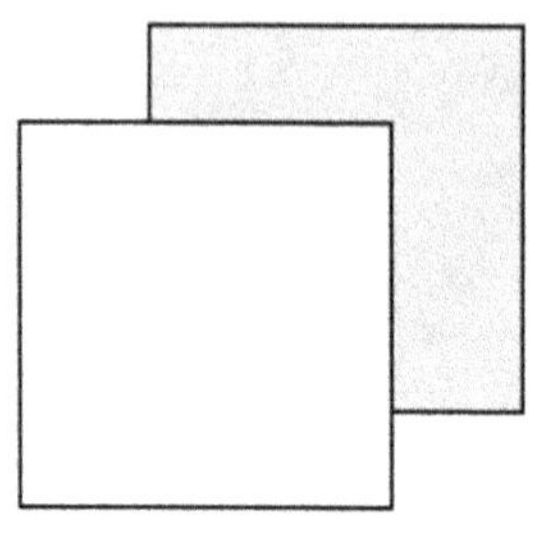

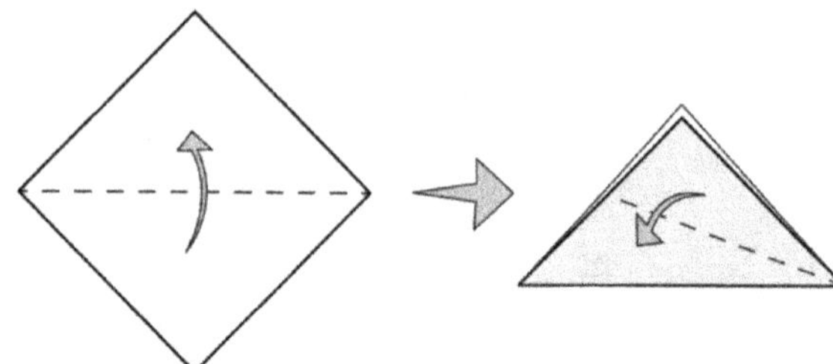

Tipp

Du brauchst 8 quadratische Blätter für diesen Kranz.

Schritt 1

Falte eines der Blätter diagonal in die Hälfte.

Schritt 2

Falte die oberste Schicht wie gezeigt in der Hälfte um.

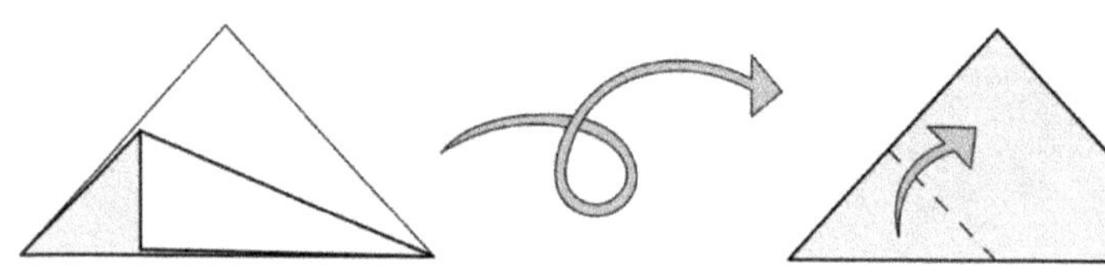

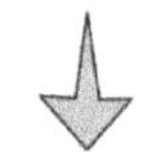

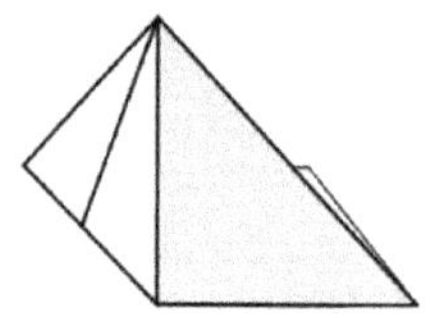

Schritt 3

Drehe die Figur um und falte dann die untere linke untere Ecke diagonal nach oben, so dass sie auf die obere Ecke trifft.

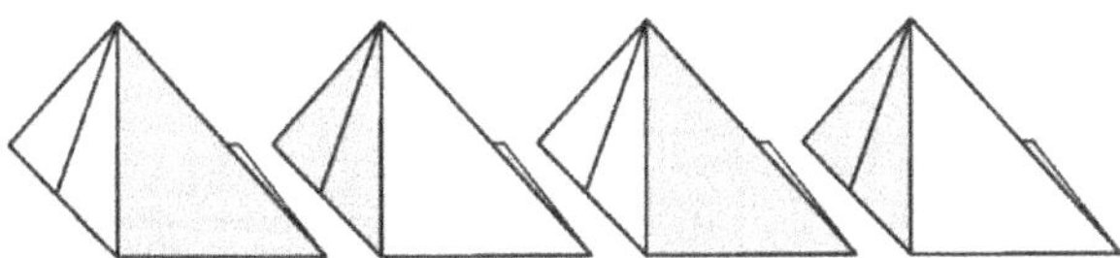

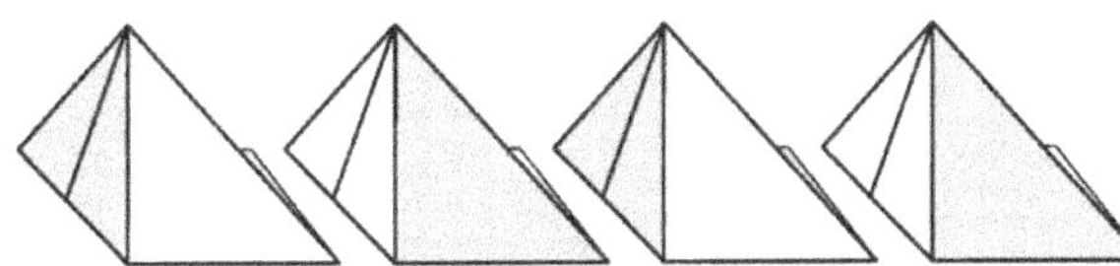

Du brauchst 8 gleiche Teile für dieses Design, also wiederhole diese Schritte für die anderen 7 Blätter.

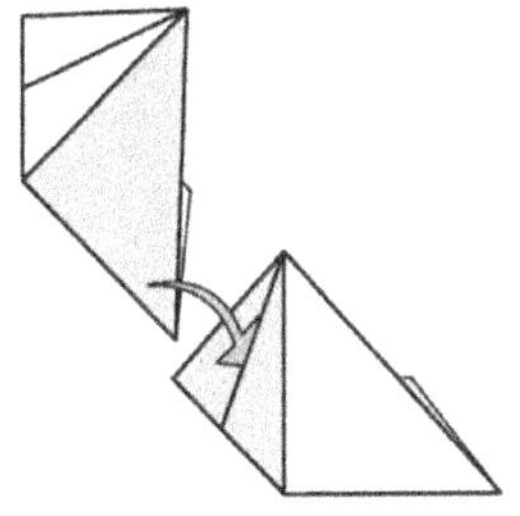

Nimm 2 Figuren und stecke eine in die andere, wie gezeigt.

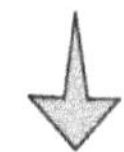

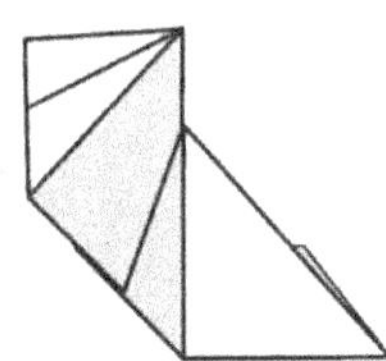

Stecke die anderen Teile so lange ineinander, bis du einen vollen Kreis hast.

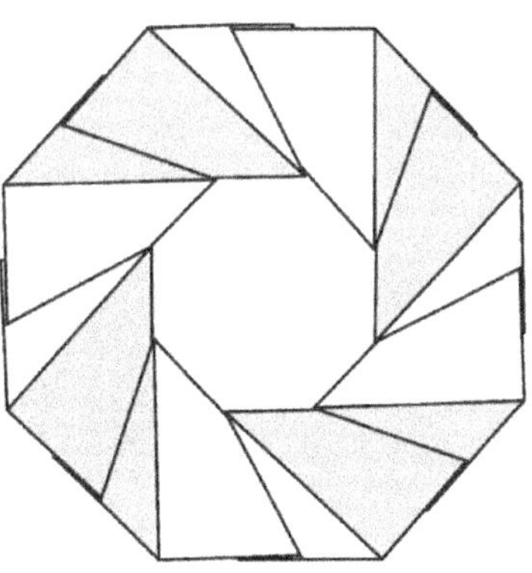

Rentiergesicht

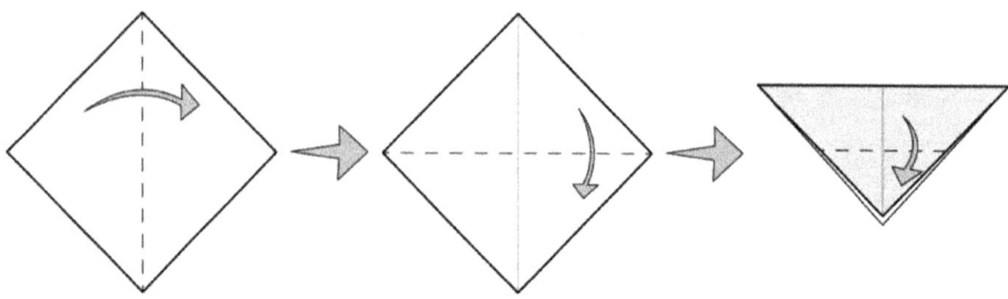

Schritt 1

Falte das Blatt diagonal und falte es so, dass eine vertikale Falte entsteht.

Schritt 2

Falte das Blatt in der Hälfte um.

Schritt 3

Falte die gesamte Figur wie gezeigt in der Hälfte und entfalte sie so, dass eine Falte entsteht.

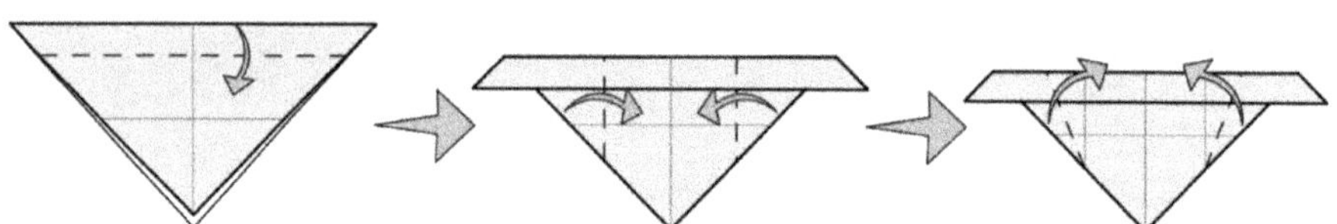

Schritt 4

Falte die obere Kante wie gezeigt nach unten. Falte dann beide Seiten in ein Drittel und falte sie auseinander.

Schritt 5

Falte beide Seiten diagonal nach oben, so dass sie auf die Falten treffen, die du gerade gemacht hast.

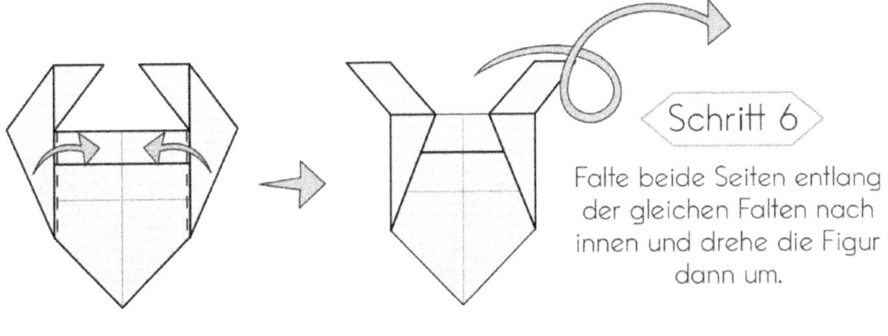

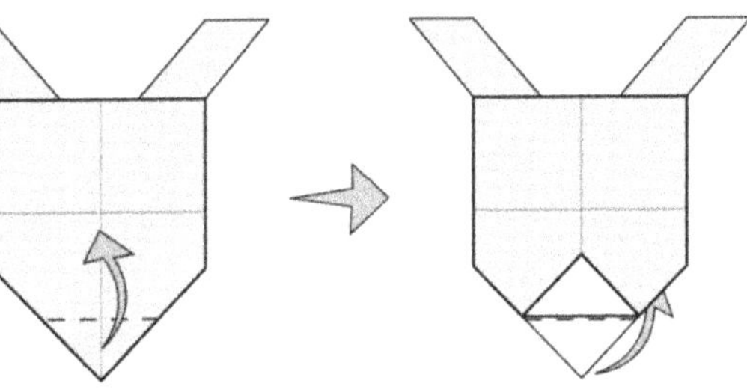

Falte beide Seiten entlang der gleichen Falten nach innen und drehe die Figur dann um.

Falte die untere Ecke der Falte die obere Lage nach vorne und die untere Ecke der unteren Lage nach hinten.

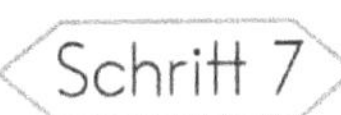

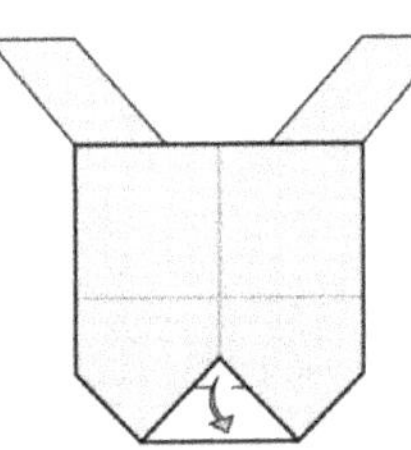

Falte die Spitze der obersten Lage nach unten, um die Nase des Rentiers zu formen.

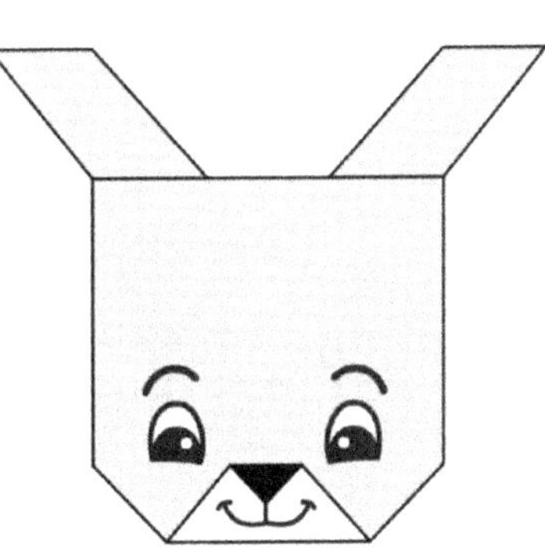

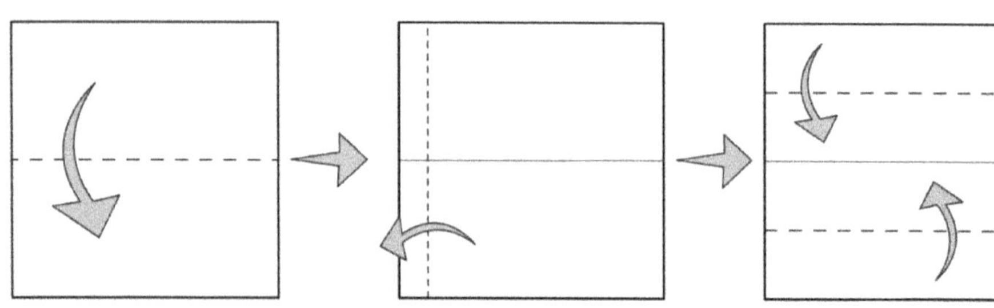

Weihnachtsmannstiefel

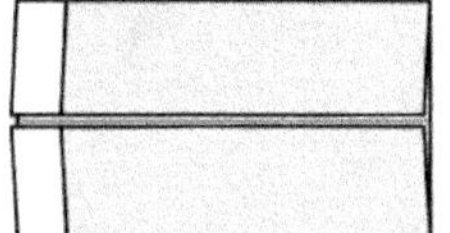  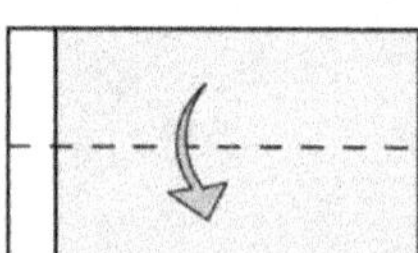

Schritt 1

Falte das Blatt in der Hälfte und entfalte es so, dass eine Falte entsteht.

Schritt 2

Falte die linke Kante wie gezeigt nach hinten.

Schritt 3

Bringe die obere und untere Kante zur horizontalen Mittellinie.

Schritt 4

Fold the figure down in half.

Schritt 5

Falte die rechte Seite der Figur wie gezeigt nach links und falte sie dann so, dass ein Knick entsteht. Falte die rechte Seite diagonal nach unten, so dass sie auf diese Falte trifft, und falte sie dann wieder auf.

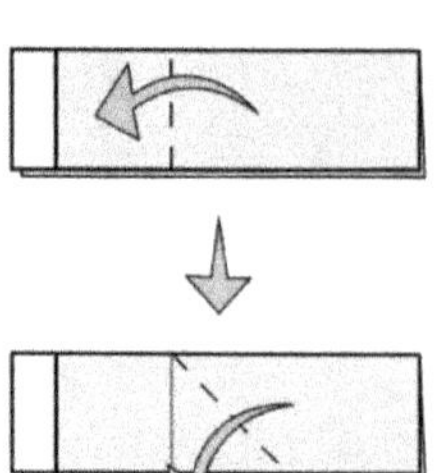

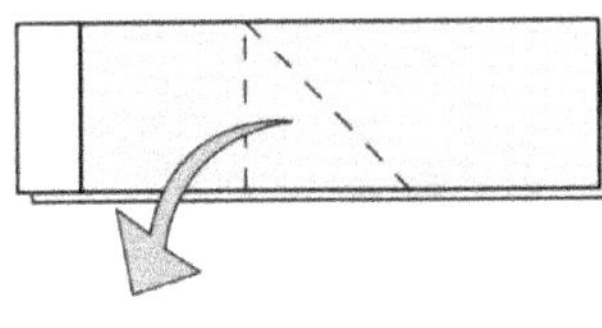  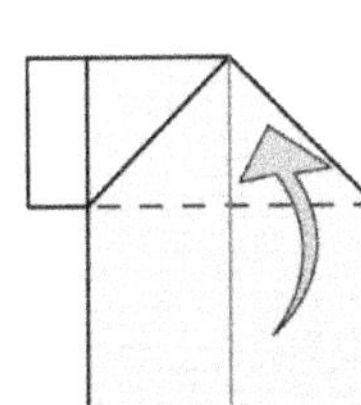

Schritt 6

Nutze die Falten, die du im vorherigen Schritt gemacht hast, um die obere Schicht von der rechten Seite auf die linke zu bringen. Falte dann die Unterseite der Figur wie gezeigt nach oben.

Schritt 7

Falte die obere Lage zur Hälfte nach rechts. Falte dann die Spitzen der beiden oberen Ecken diagonal nach hinten.

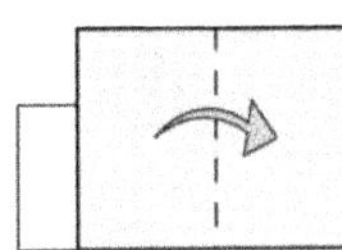  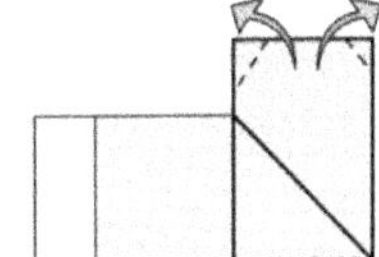

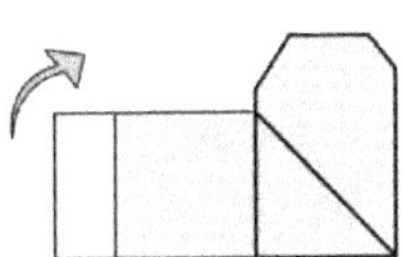

Schritt 8

Drehe die Figur.

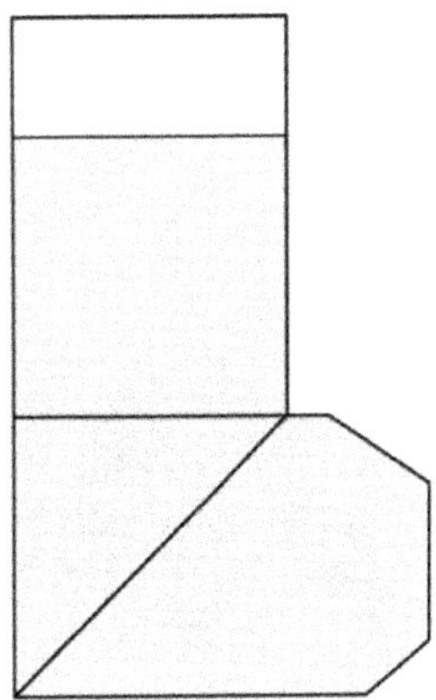

Elfengesicht

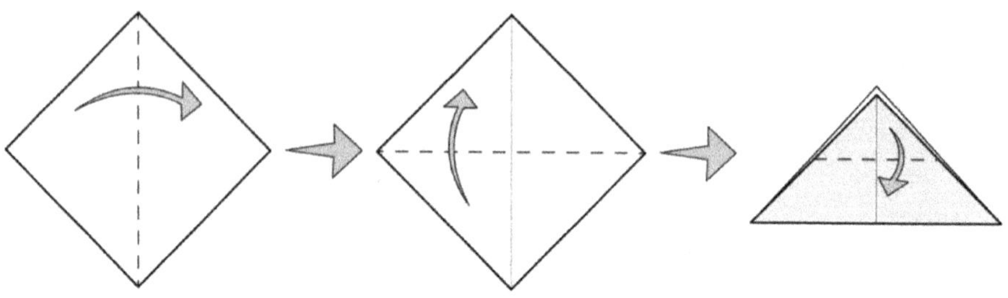

Schritt 1

Falte das Blatt diagonal und entfalte
es so, dass eine vertikale Falte entsteht,
dann falte es in der Hälfte.

Schritt 2

Falte die obere Ecke
der oberen Lage nach
unten, so dass sie auf
die untere Kante trifft.

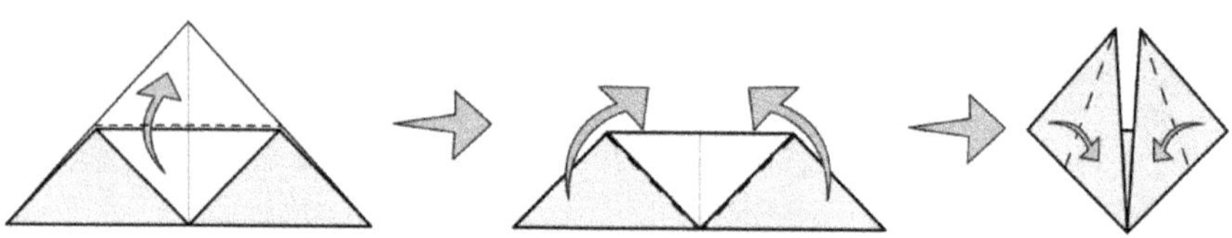

Schritt 3

Falte die obere Ecke der hinteren Lage nach hinten,
bis sie auf die untere Kante trifft. Falte dann beide
Seitenecken nach oben zur vertikalen Mittellinie,
sodass ein kleiner Spalt zwischen ihnen bleibt.

Schritt 4

Falte die beiden
Seitenecken wie
gezeigt in der
Hälfte nach
unten.

Elfengesicht

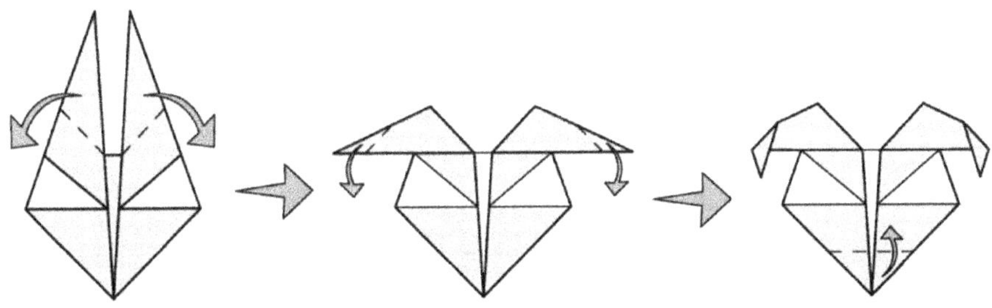

Falte die Oberseite
der beiden Ecken
nach unten, bis ihre
Unterkanten
waagerecht sind.

Falte die Spitzen der
gleichen Ecken wie
gezeigt nach unten.

Falte die untere
Ecke wie gezeigt
nach oben.

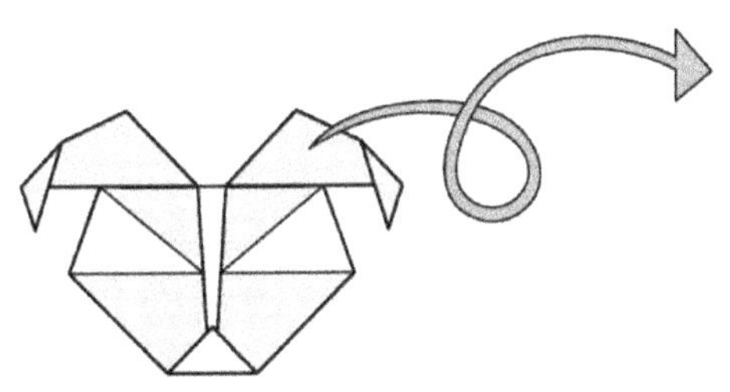

Drehe die Figur um.

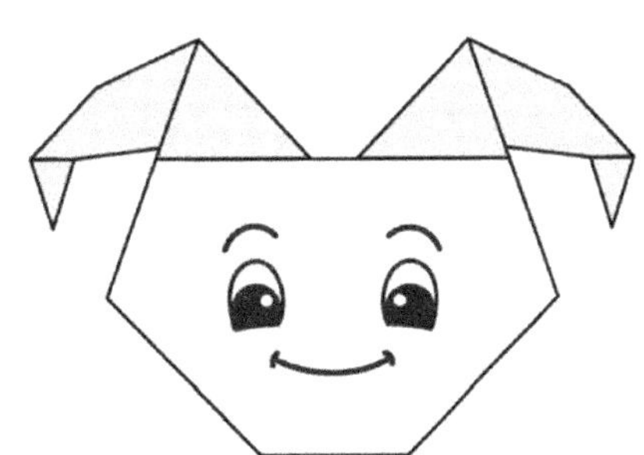

Stern

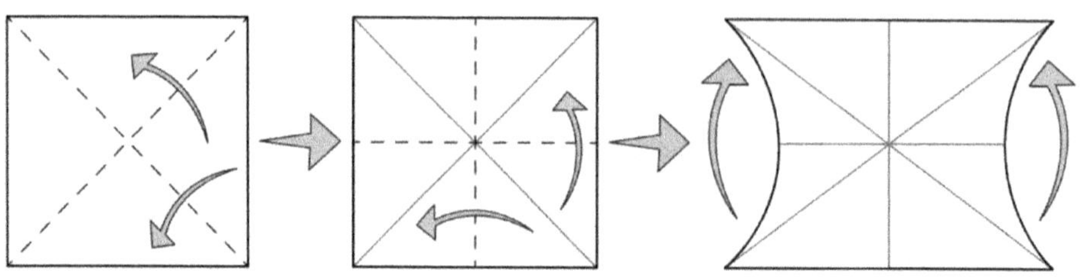

Schritt 1

Falte das Blatt
an beiden
Diagonalen
und entfalte es.

Schritt 2

Falte das Blatt
längs und quer
und falte es
dann wieder
auseinander.

Schritt 3

Bringe die obere Kante
nach unten, so dass sie auf
die untere Kante trifft,
während du beide Seiten
nach innen faltest, so dass
ein Dreieck entsteht.

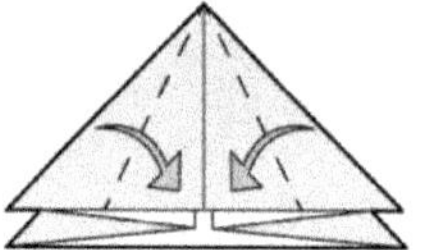 

Schritt 4

Falte die Seitenecken der
oberen Lage bis zur vertikalen
Mittellinie und falte sie dann
auf.

Schritt 5

Falte die linke Ecke nach innen,
genau in die Mitte des Raums
zwischen der vertikalen Mittellinie
und dem Falz, den du gerade
gemacht hast.

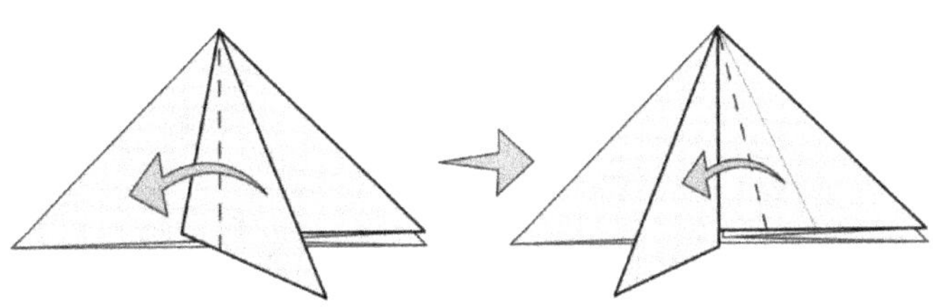

Schritt 6

Falte sie entlang der vertikalen Mittellinie wieder nach außen. Wiederhole den Vorgang für die rechte Ecke.

Schritt 7

Drehe die Figur um und wiederhole alles für diese Seite.

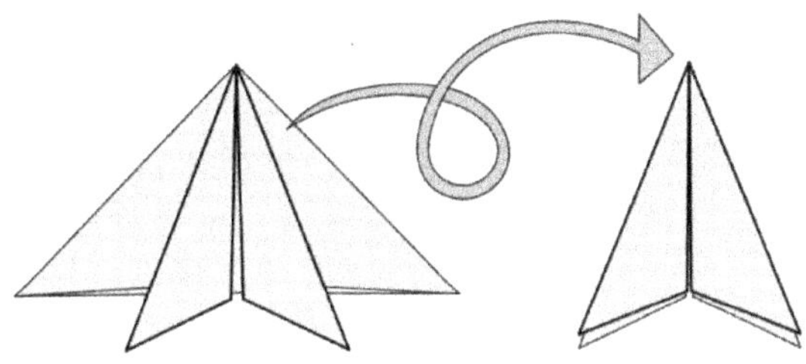

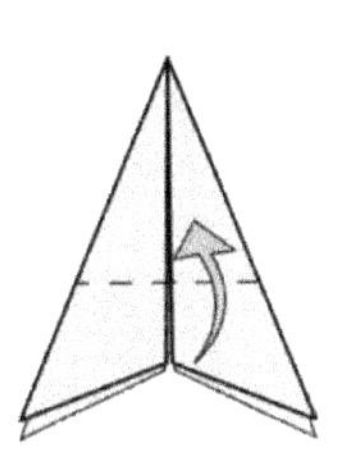

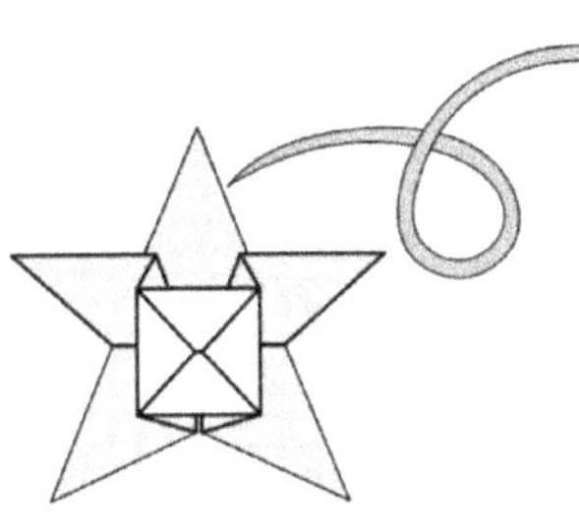
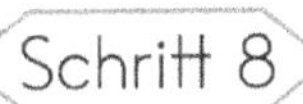

Schritt 8

Öffne die oberste Schicht wie abgebildet und flache die Figur ab, dann drehe sie um.

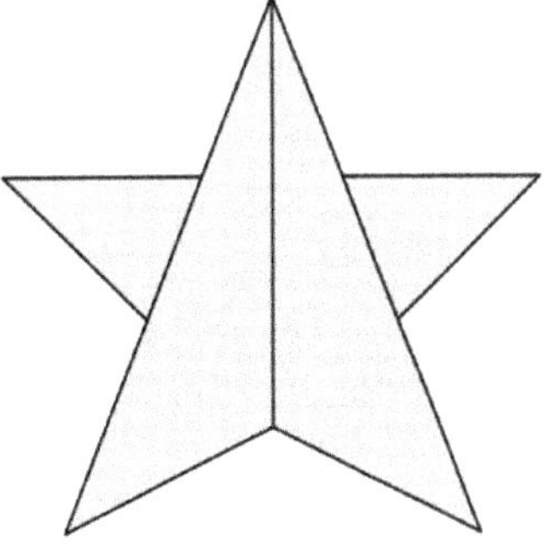

Schritt 9

Schneemann

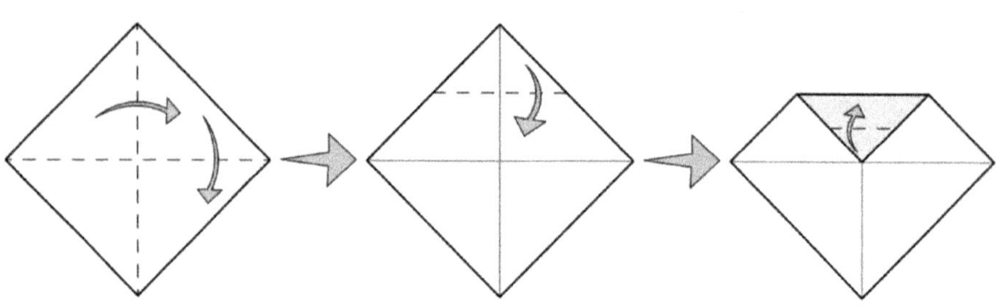

Schritt 1

Falte das Blatt an beiden Diagonalen und entfalte es.

Schritt 2

Bringe die obere Ecke nach unten in die Mitte des Blattes.

Schritt 3

Falte diese Ecke wieder nach oben, bis sie auf die obere Kante trifft, und falte sie dann auf.

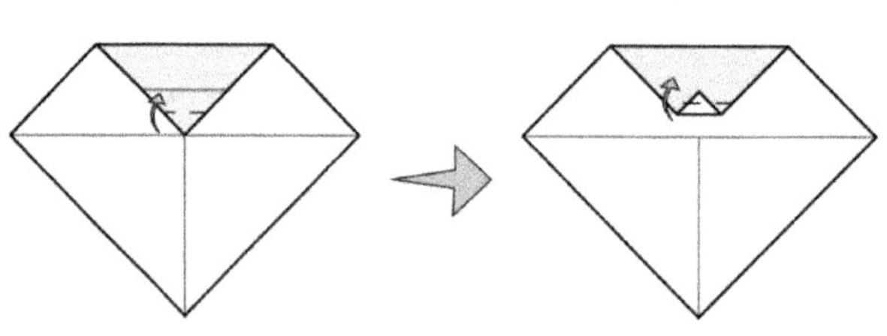

Schritt 4

Falte die Spitze nach oben, bis sie auf den Falz trifft, den du gerade gemacht hast, und falte sie dann wie gezeigt wieder nach oben.

Schritt 5

Drehe die Figur um und falte beide Seitenecken wie gezeigt.

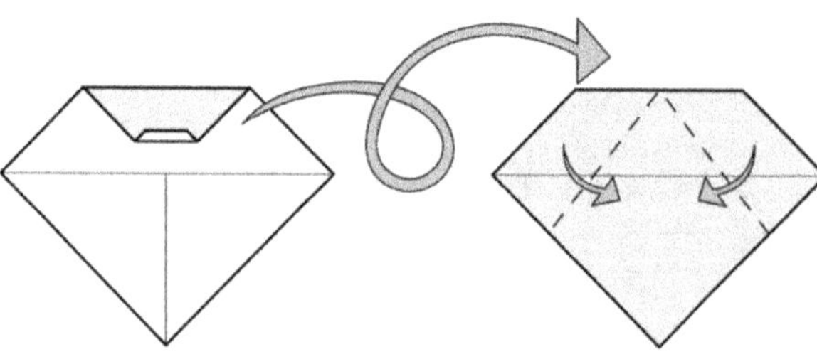

Schneemann

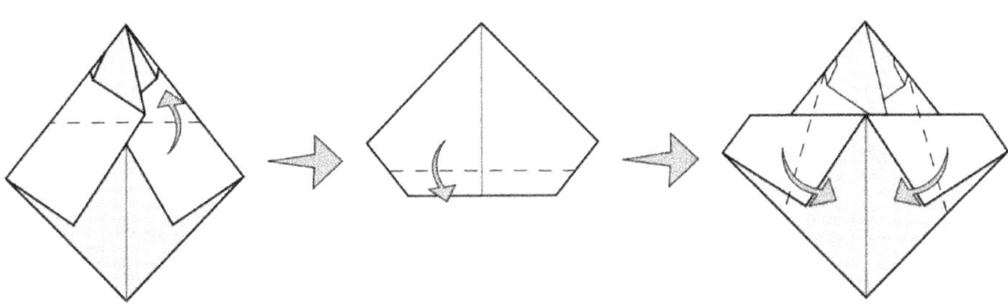

Falte die
Unterseite der
Figur wie gezeigt
nach oben.

Falte sie nun wieder
nach unten, sodass
zwischen den beiden
Falten ein kleiner Spalt
bleibt.

Falte beide
Seitenecken wie
gezeigt nach innen.

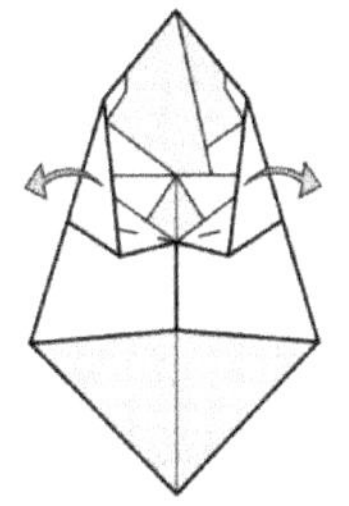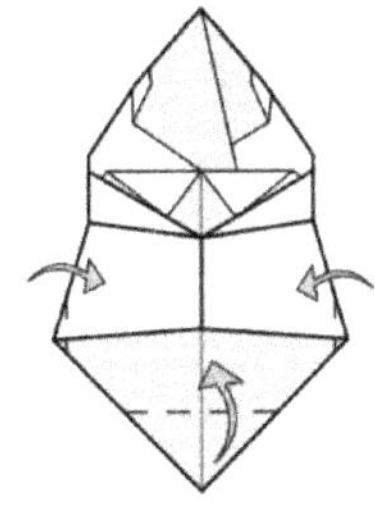

Öffne die Taschen an den
Seiten der oberen Lage und
streiche sie flach. Falte dann
die Spitzen der seitlichen
und unteren Ecken wie
gezeigt ein.

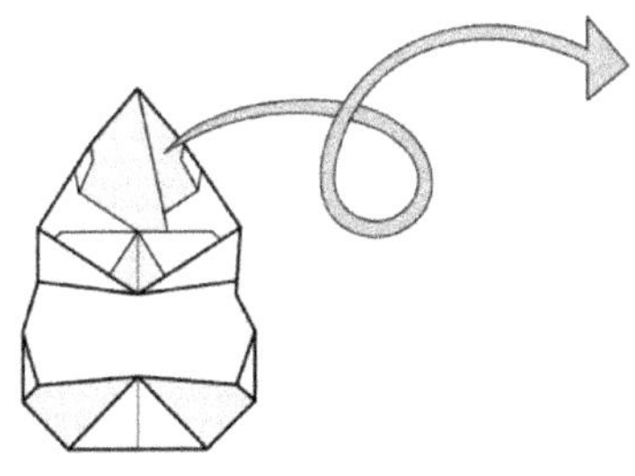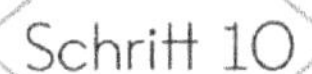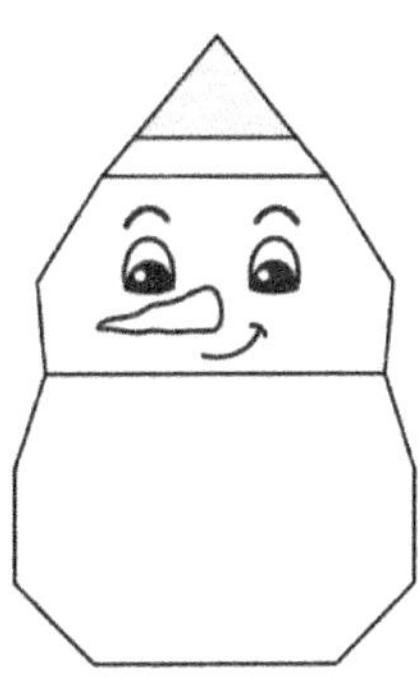

Drehe die Figur um.

Das ist das Design mit dem Fünfeckbogen, dessen Herstellung du zu Beginn dieses Buches gelernt hast. Wenn du diese Schritte befolgt hast, um das Fünfeck selbst herzustellen, kannst du Schritt 1 überspringen, weil du bereits alle Falten hast, die du für Schritt 2 brauchst. Wenn du bereits ein Fünfeckblatt hattest, musst du den ersten Schritt befolgen, um alle Falten zu machen, die du später verwenden wirst.

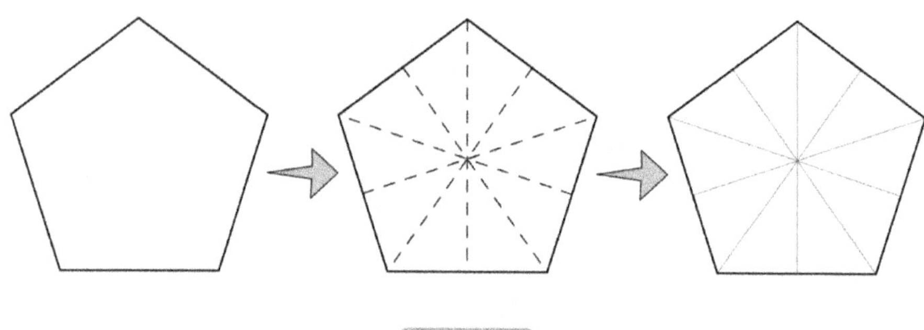

Schritt 1

Wenn du die Falten bereits auf deinem Blatt hast, dann fahre mit dem nächsten Schritt fort. Wenn nicht, falte das Blatt entlang der Linie, die von einer der Spitzen zur Mitte der gegenüberliegenden Seite verläuft, und falte es dann auf. Wiederhole den Vorgang für alle Spitzen des Blattes.

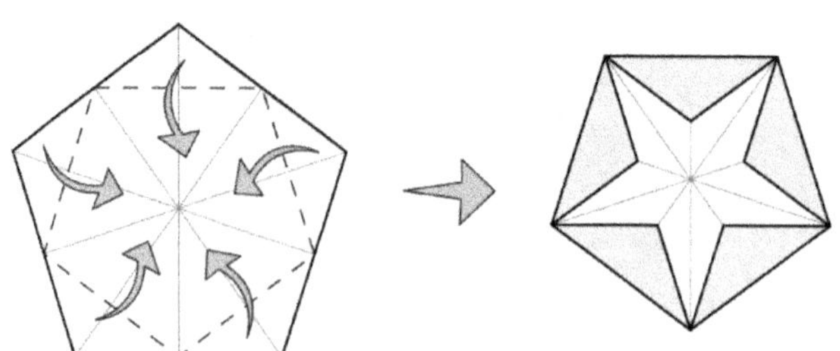

Schritt 2

Bringe alle Ecken wie gezeigt in die Mitte des Blattes.

Sternschale

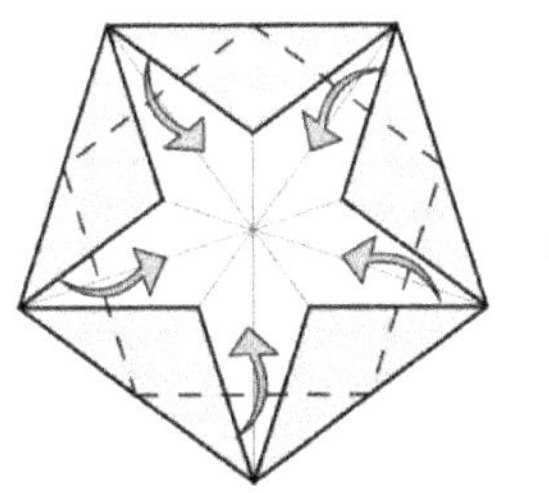 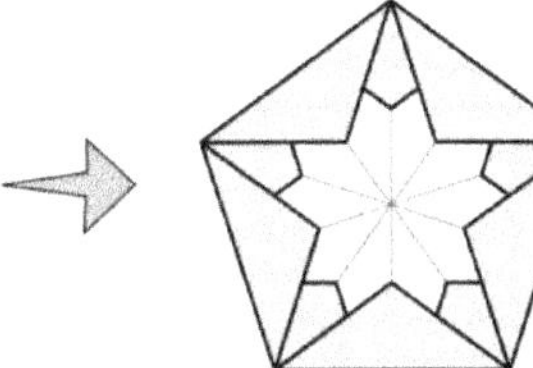

Bringe alle Ecken wieder in die Mitte des Blattes.

Drehe die Figur um.

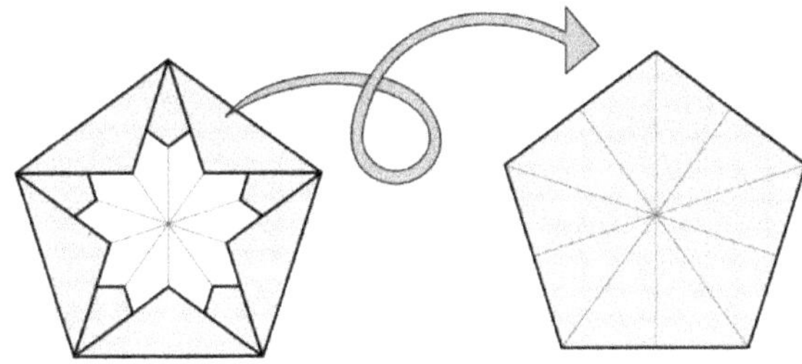

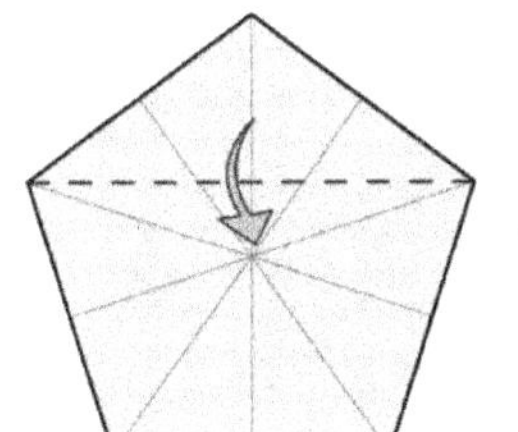 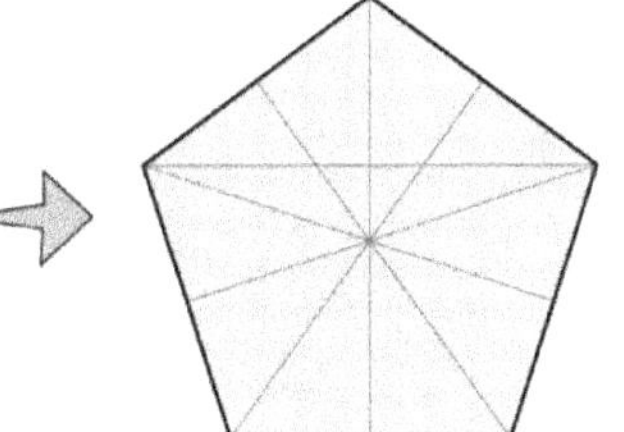

Falte die obere Ecke wie gezeigt nach unten und falte sie dann so, dass eine Falte entsteht.

Sternschale

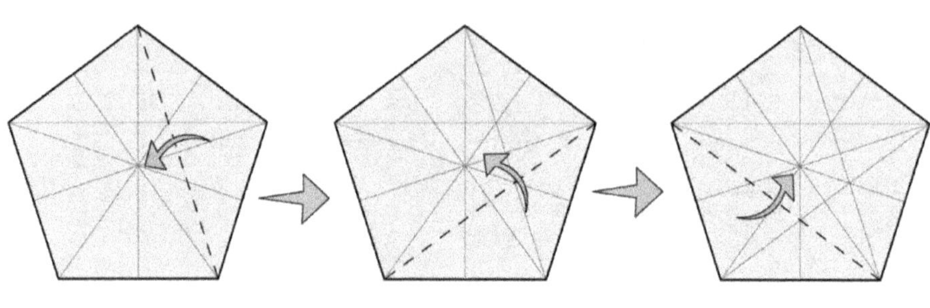

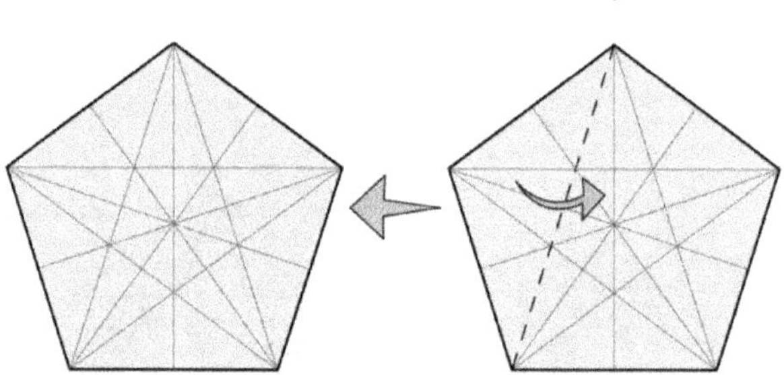

Schritt 6

Wiederhole dies für alle anderen Ecken, bis deine Figur wie auf der Zeichnung aussieht.

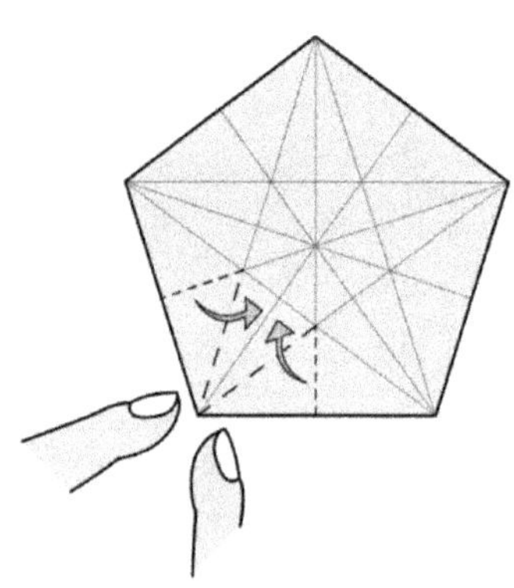

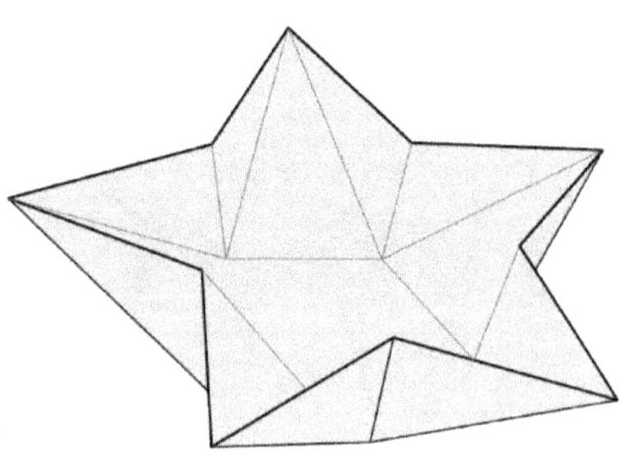

Schritt 7

Knicke jede Ecke von unten, sodass die inneren Falten zu Talfalten und die äußeren zu Bergfalten werden.

Weihnachtsmannmütze

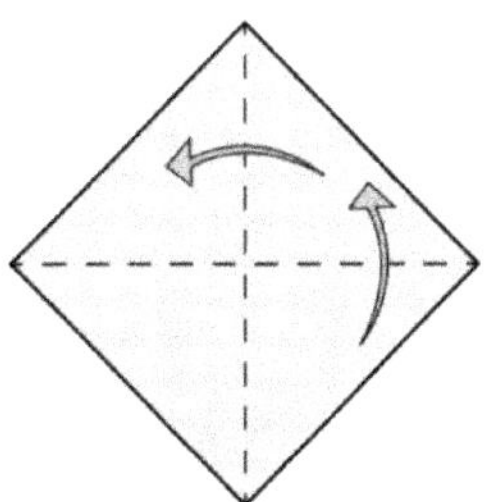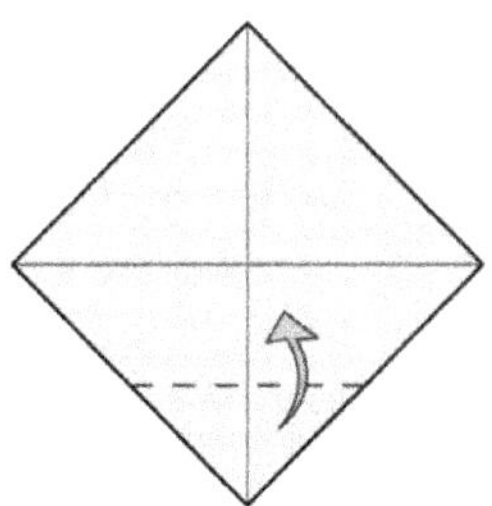

Schritt 1

Falte das Blatt an
beiden Diagonalen
und entfalte es.

Schritt 2

Falte die untere Ecke bis
zur Mitte des Blattes.

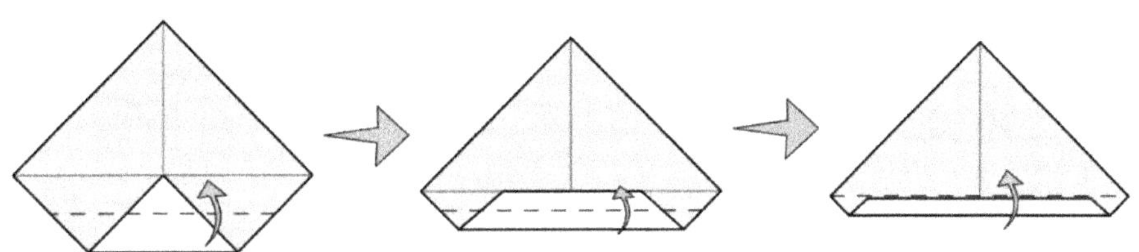

Schritt 3

Bringe die untere Kante dreimal
hintereinander wie gezeigt zur horizontalen
Mittellinie.

Weihnachtsmannmütze

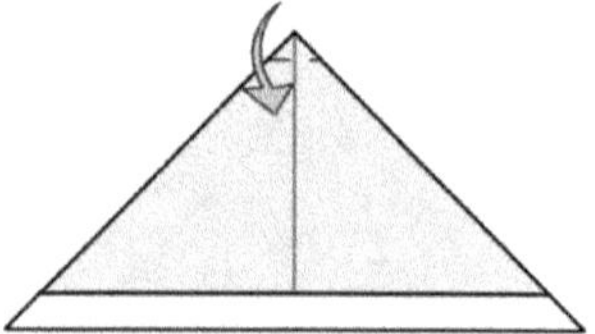  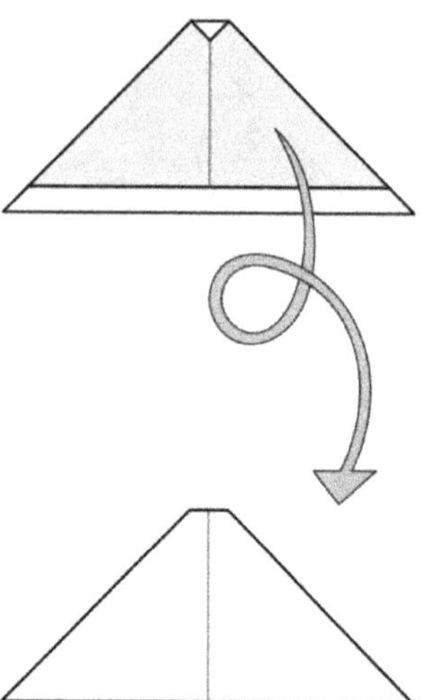

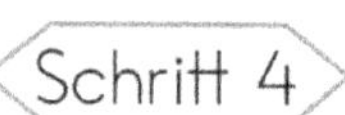

Schritt 4

Falte die Spitze der oberen Ecke
nach unten und drehe die Figur
dann um.

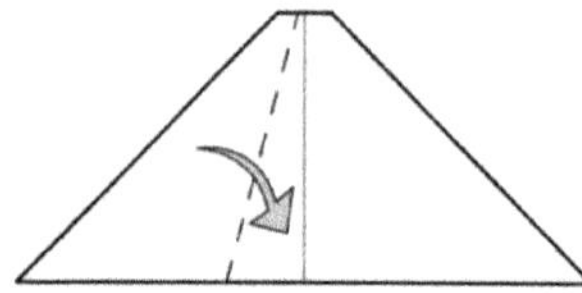

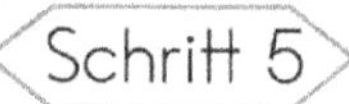

Schritt 5

Falte die linke Ecke wie gezeigt nach
innen und klappe sie dann nach oben,
sodass sie mit der unteren Kante
abschließt. Falte die rechte Ecke wie
gezeigt nach links.

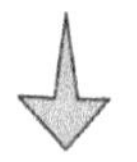

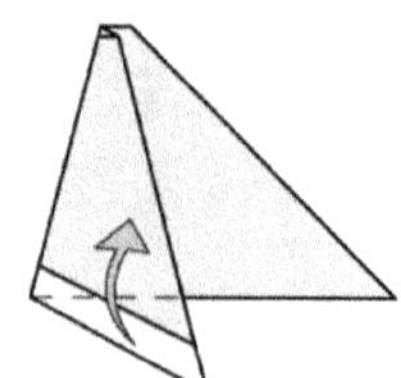  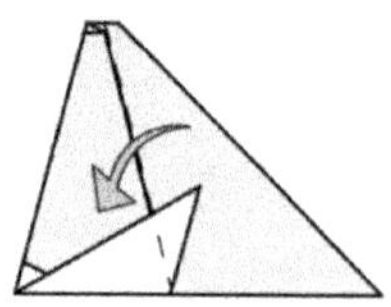

Weihnachtsmannmütze

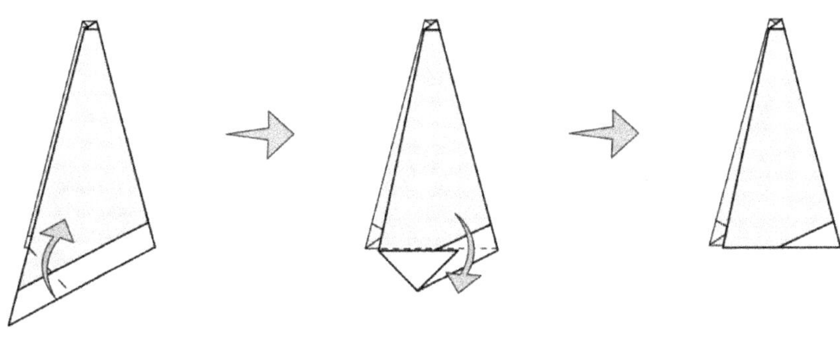

Falte die untere Ecke der oberen Lage diagonal
nach oben und dann wie gezeigt nach hinten.

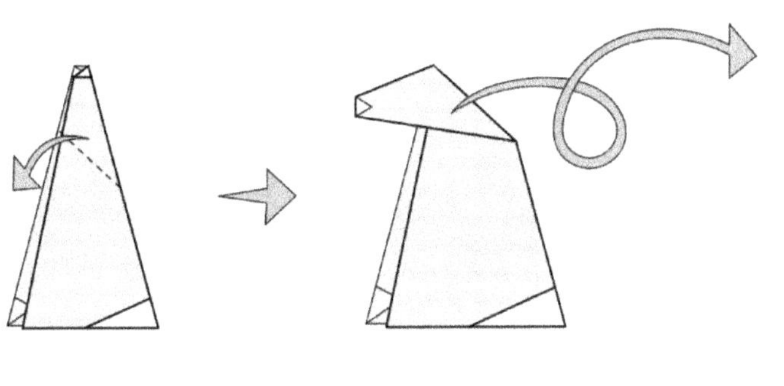

Falte die Oberseite der Figur wie
gezeigt schräg nach unten und drehe
sie dann um.

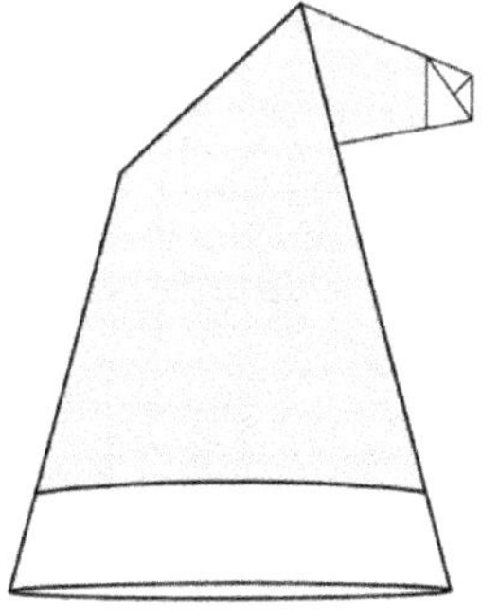

Weihnachtsmannmütze

Weihnachtsmannmütze

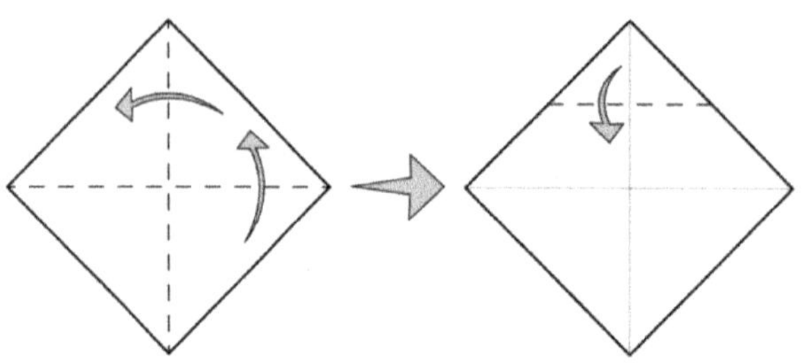

Falte das Blatt an beiden Diagonalen und entfalte es es. Bringe dann die obere Ecke nach unten in die Mitte des Blattes.

Falte die Spitze wieder nach oben, bis sie die obere Kante trifft, und falte sie auf. Bringe sie dann wieder nach oben, so dass sie auf den Falz trifft, den du gerade gemacht hast.

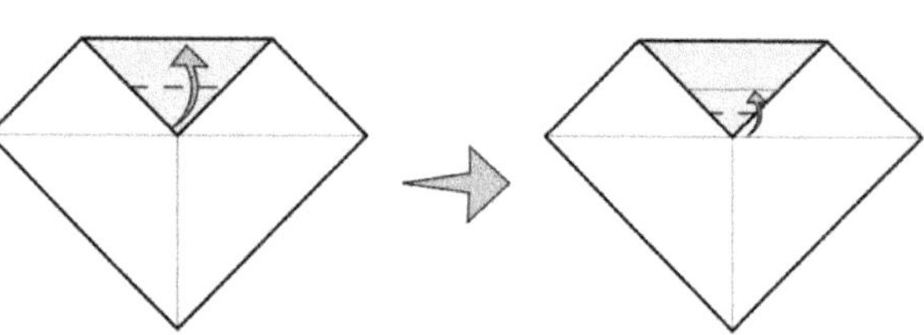

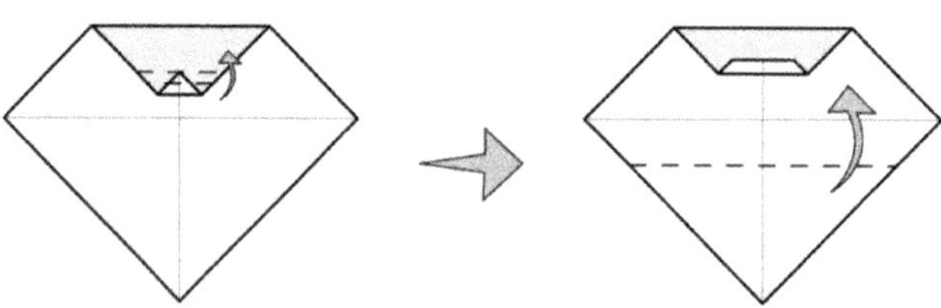

Falte die Spitze wie gezeigt zweimal hintereinander nach oben und bringe dann die untere Ecke nach oben, sodass sie auf die obere Kante trifft.

Weihnachtsmannmütze

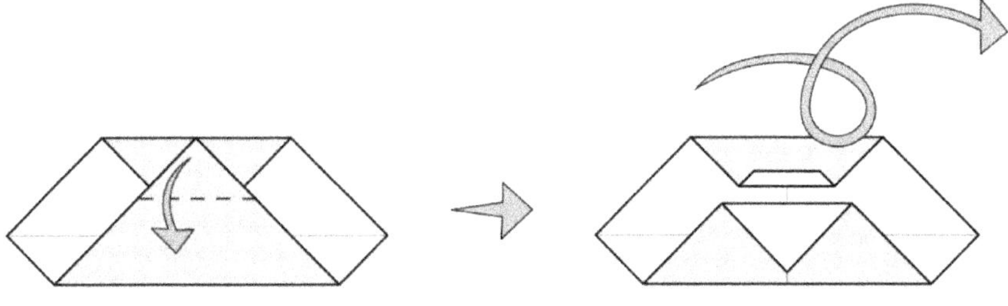

Falte diese Ecke nach unten, sodass eine kleine Lücke zwischen dieser Lasche und der oberen Ecke entsteht. Dann drehst du die Figur um.

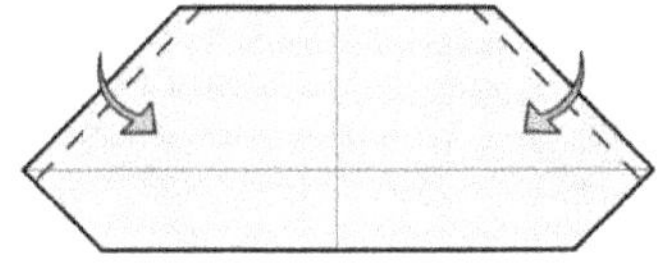

Falte beide Seitenkanten wie gezeigt nach innen

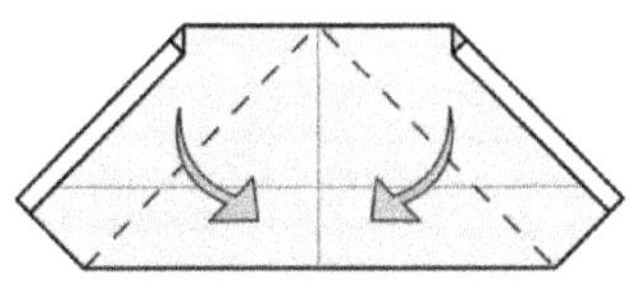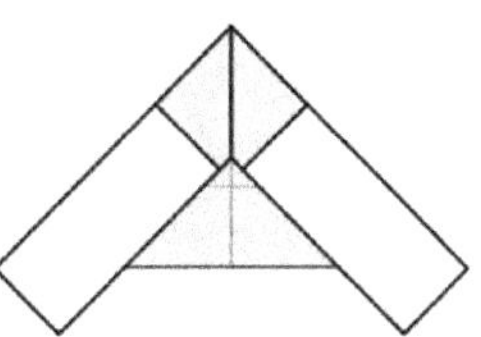

Falte beide Seitenecken wie gezeigt diagonal nach unten.

Weihnachtsmann

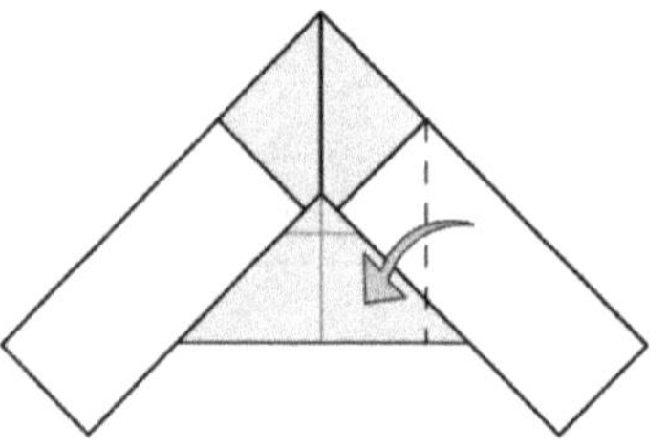  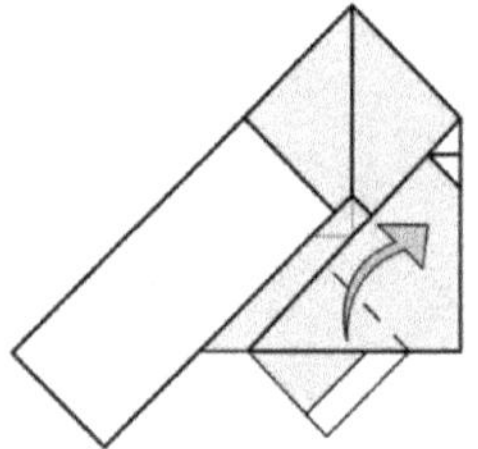

Teile die Figur in drei Teile und falte die rechte Seite nach innen. Falte dann die Spitze, die unten herausragt, wie gezeigt diagonal nach oben.

Wiederhole den vorherigen Schritt für die linke Seite der Figur. Falte dann die unteren Ecken der beiden Klappen wie gezeigt nach hinten.

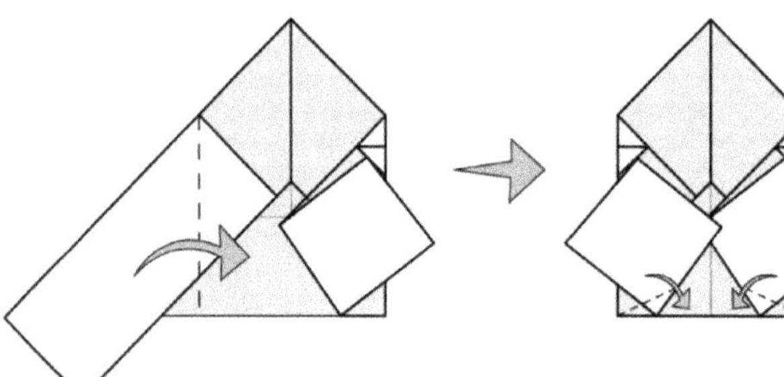

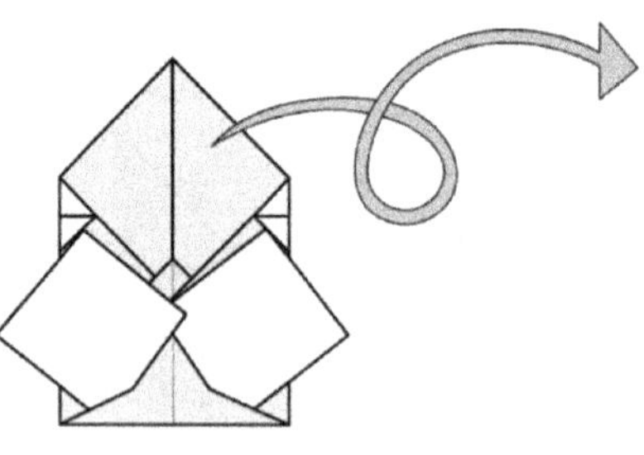 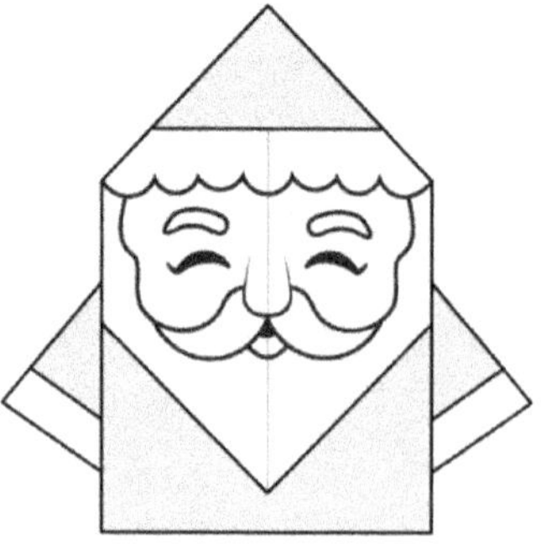

Drehe die Figur um.

Handschuhe

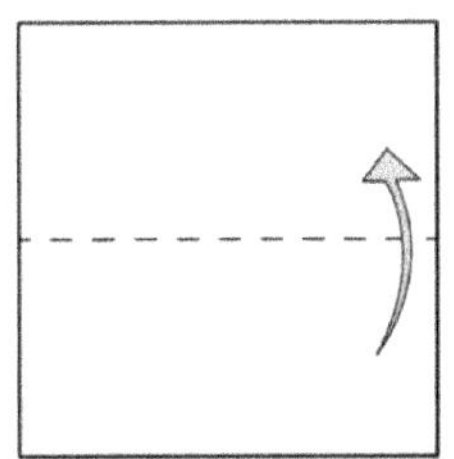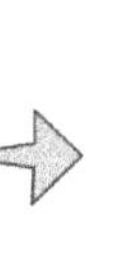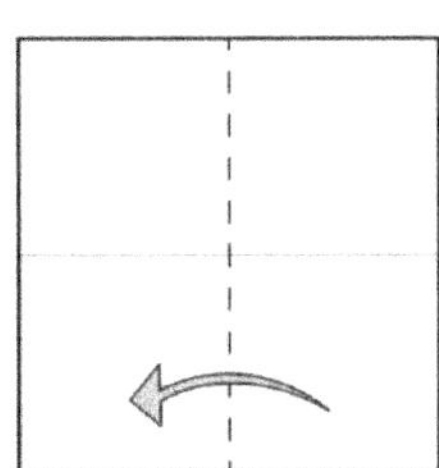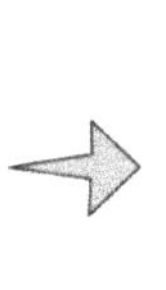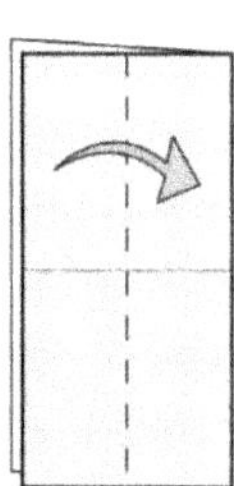

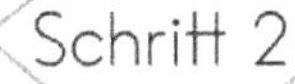

Schritt 1

Falte das Blatt in der Hälfte und entfalte es so, dass eine Falte entsteht.

Schritt 2

Falte das Blatt auf der linken Seite zur Hälfte.

Schritt 3

Falte die oberste Schicht in der Hälfte um.

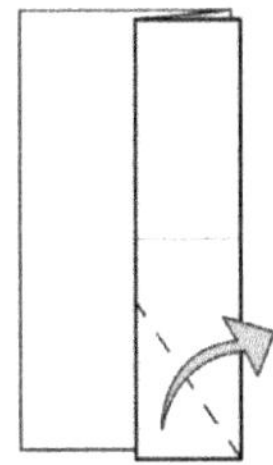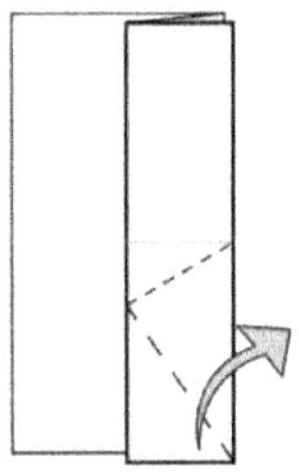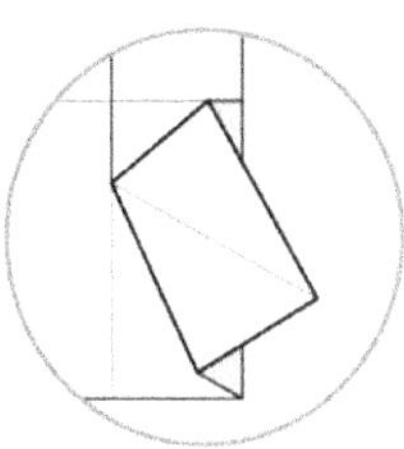

Schritt 4

Falte die untere linke Ecke der oberen Lage wie gezeigt diagonal nach oben und falte sie dann auf.

Schritt 5

Öffne die oberste Schicht wie gezeigt mit der Falte, die du gerade gemacht hast, und glätte sie dann.

Handschuhe

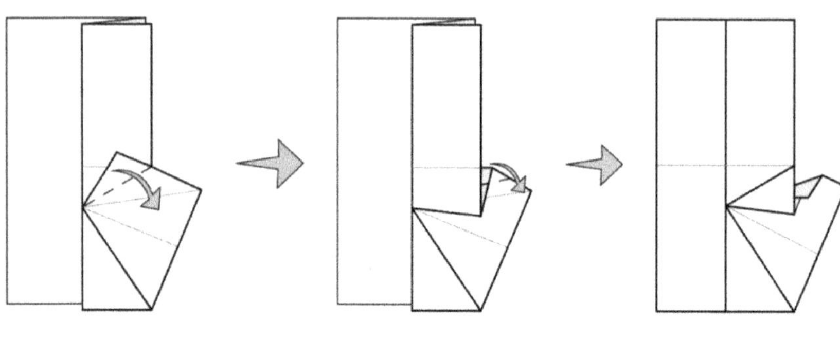

Schritt 6

Falte die obere Ecke der Klappe, die du gerade gemacht hast, wieder nach unten.

Schritt 7

Nachdem du den vorherigen Schritt gefaltet hast, siehst du, dass sich zwischen der oberen und unteren Schicht der Figur eine Lasche befindet. Falte sie wie gezeigt nach unten.

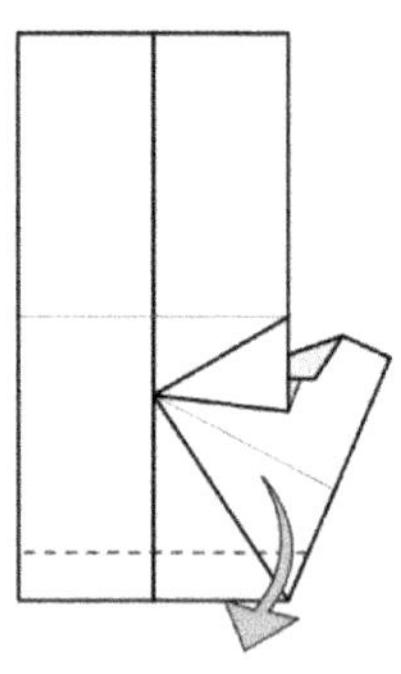

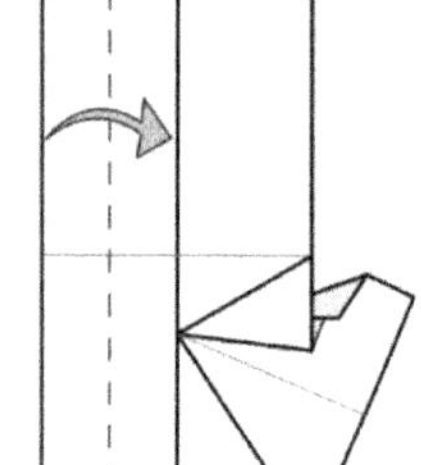

Schritt 8

Falte die untere Kante der Figur nach hinten.

Schritt 9

Falte die linke Kante nach innen, sodass sie auf die vertikale Mittellinie trifft.

Handschuhe

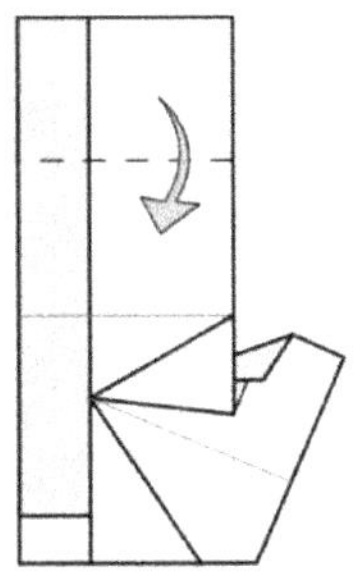  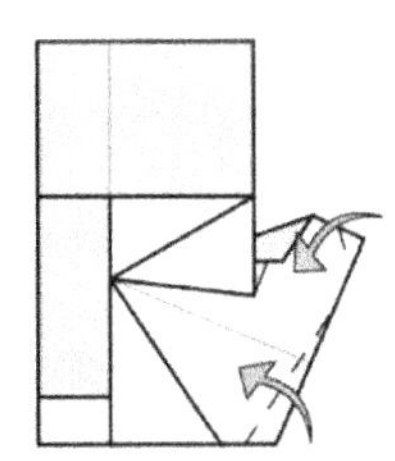

Falte die obere Kante nach unten, bis sie auf die horizontale Mittellinie trifft, und falte dann die Ecken der Klappe wie gezeigt nach rechts.

Falte die Spitzen der beiden oberen Ecken diagonal nach unten.

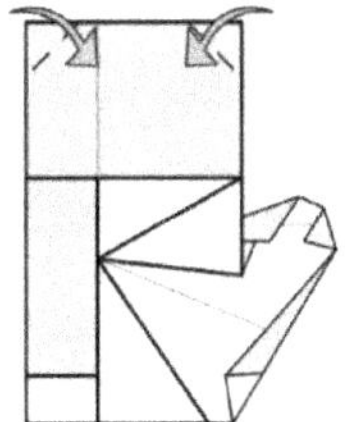

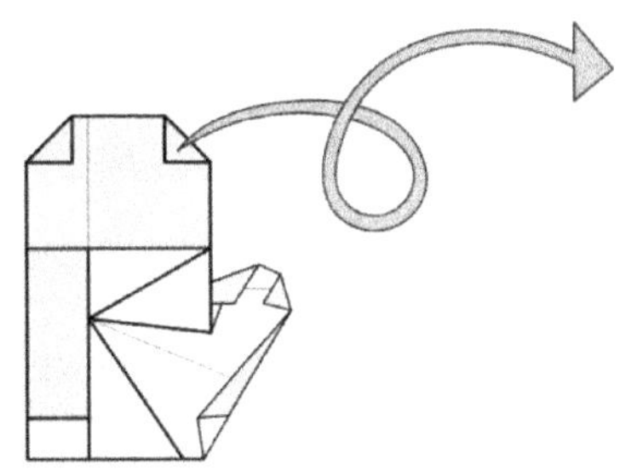

Drehe die Figur um.

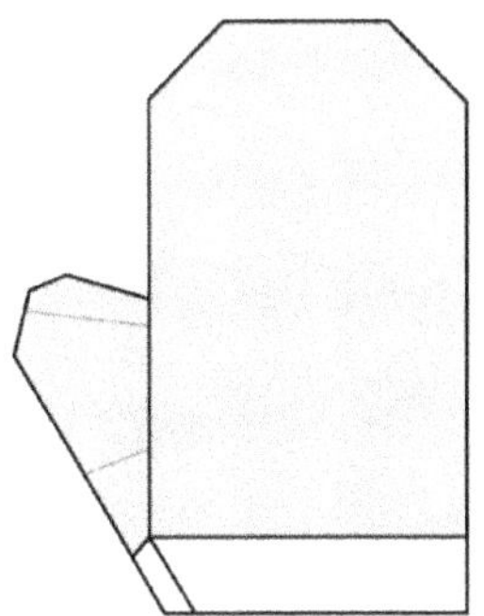

Handschuhe

Geschenkbox

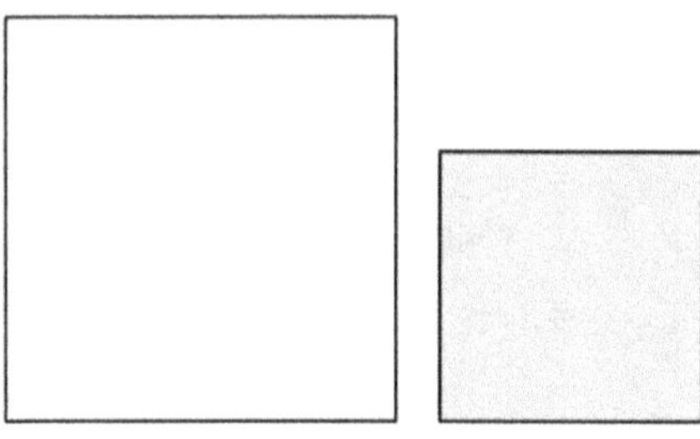

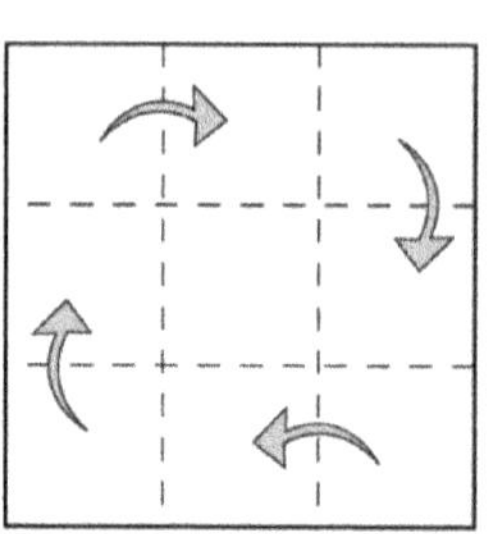

Tipp

Für diese Geschenkbox brauchst du 2 quadratische Bögen. Ein Bogen sollte 1/3 kleiner sein als der andere.

Schritt 1

Beginnen wir mit dem größeren Blatt. Falte es längs und quer in drei Teile und falte es dann auseinander.

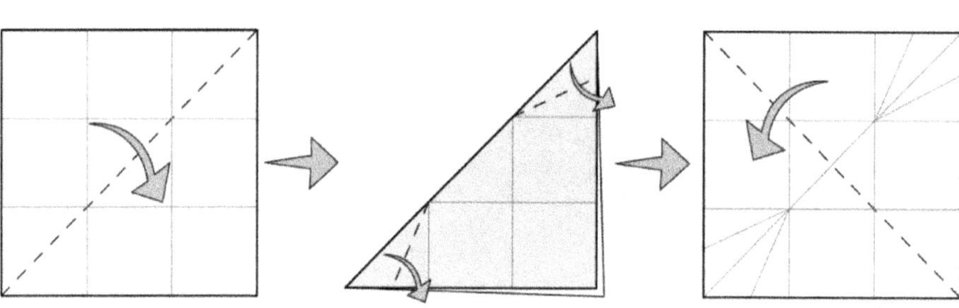

Schritt 2

Falte das Blatt diagonal nach rechts unten.

Schritt 3

Falte die obere rechte und die untere linke Ecke bis zur nächsten Falte, die du in Schritt 1 gemacht hast. Falte dann alles auseinander.

Schritt 4

Falte das Blatt diagonal nach links unten und wiederhole dann den vorherigen Schritt.

Geschenkbox

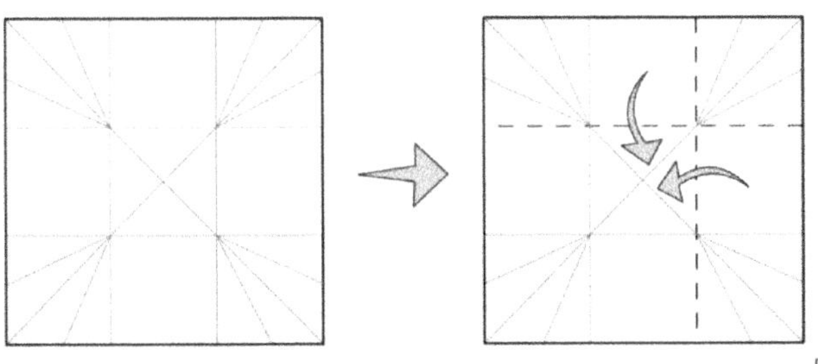

Falte die obere und die rechte Kante zur Hälfte nach oben und verwende dabei alle Falten, die du bisher gemacht hast, damit sie senkrecht zum Rest des Blattes stehen. Du wirst sehen, dass die Ecke zwischen den beiden Seiten herausragt.

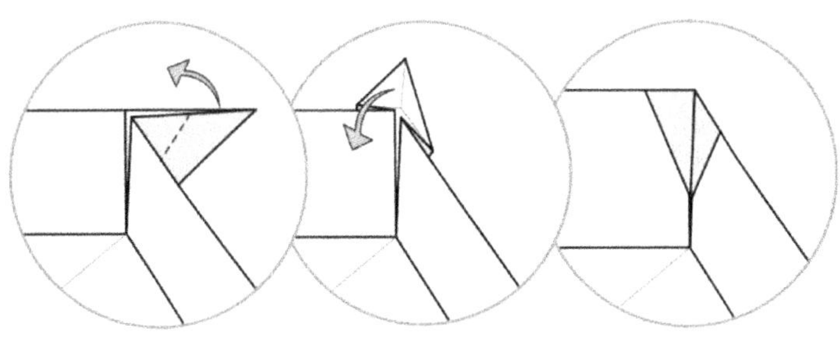

Verriegele beide Seiten, indem du die Ecke faltest, wie du in den Zeichnungen sehen kannst.

Wiederhole die vorherigen Schritte für alle Kanten und Ecken. Deine Box ist fertig!

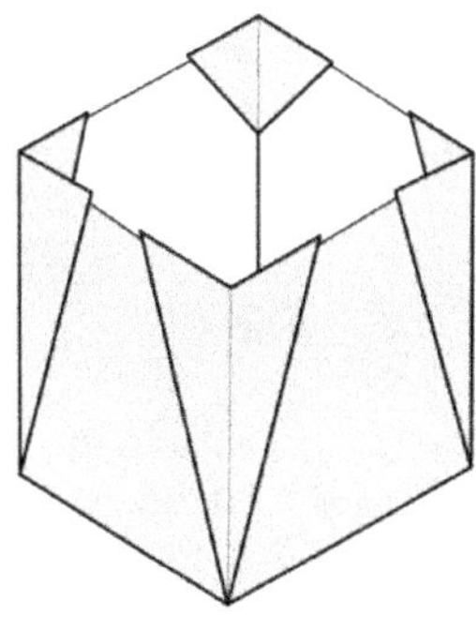

Geschenkbox

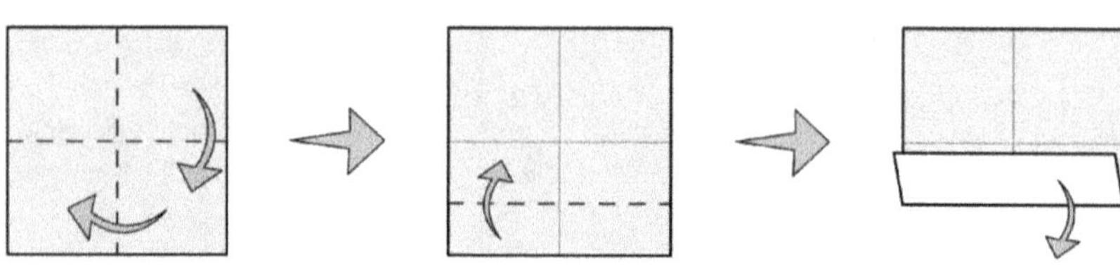

Benutze nun das kleinere Blatt, um den Deckel zu machen. Falte es längs und quer und falte es dann auseinander.

Bringe die untere Kante bis knapp unter die horizontale Mittellinie.

Wiederholen Sie den vorherigen Schritt für alle anderen Seiten des Wiederhole dann die Schritte 2 bis 7, um den Deckel herzustellen.

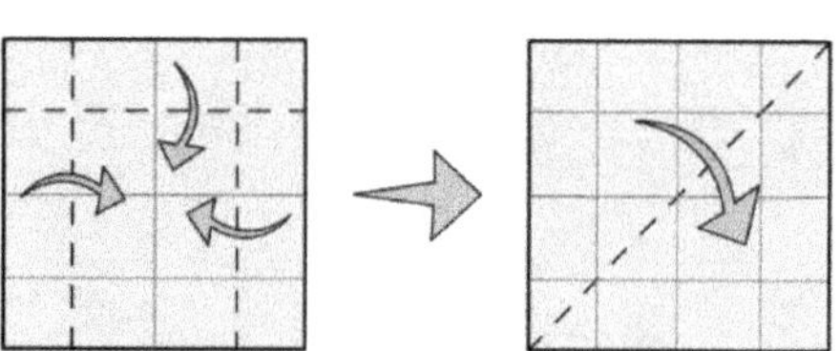

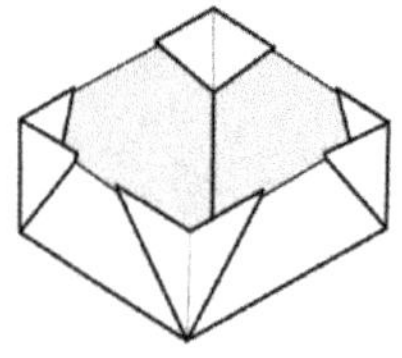

Lege diesen Deckel auf die Box und deine Geschenkbox ist fertig!

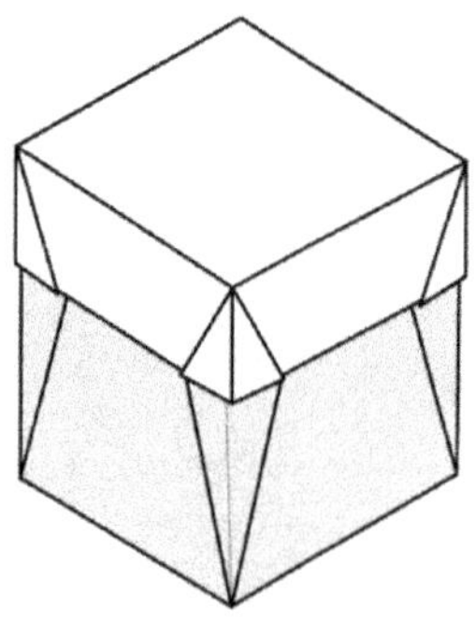

Geschenkbox

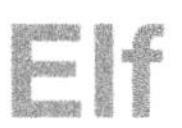

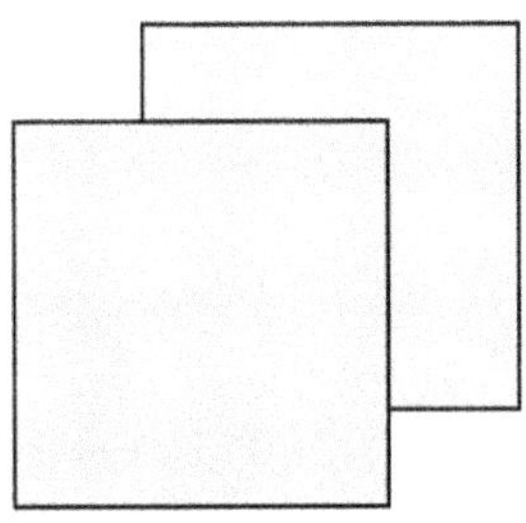

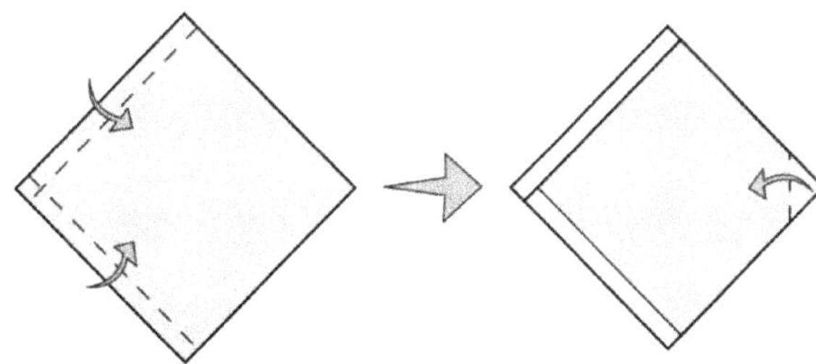

Tipp

Für diesen Elf brauchst du 2 quadratische Blätter.

Schritt 1

Falte die Kanten einer Seite des ersten Blattes ein wenig ein.

Schritt 2

Falte die Ecke der gegenüberliegenden Seite ein.

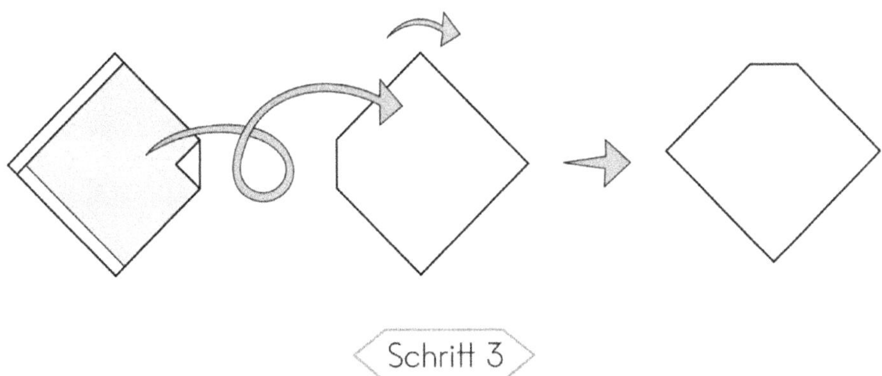

Schritt 3

Drehe die Figur um und drehe sie so, dass die gerade Seite nach oben zeigt.

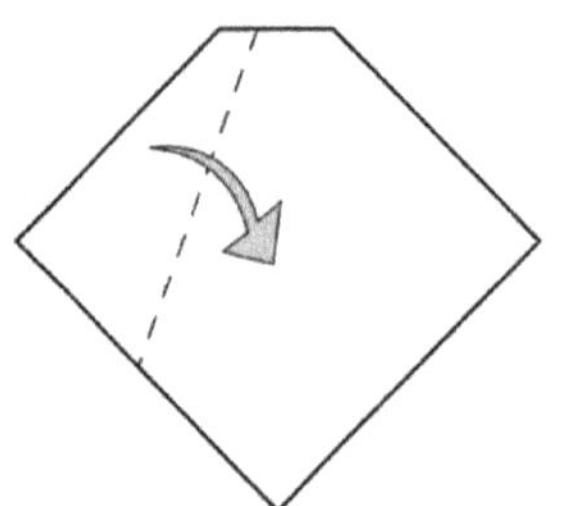

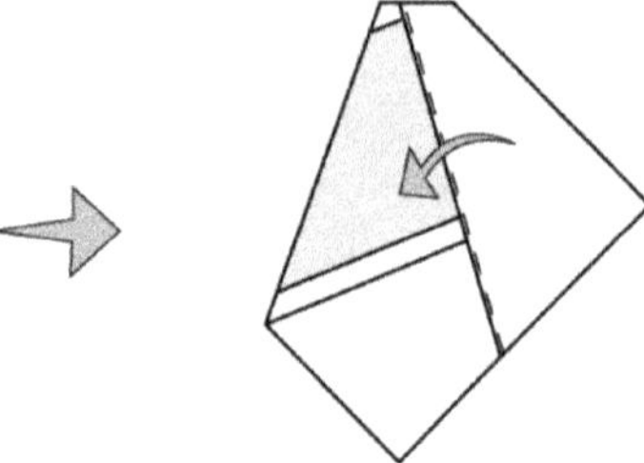

Schritt 4

Falte die linke Seite wie gezeigt schräg nach unten.

Schritt 5

Falte die rechte Seite ebenfalls nach unten, über die soeben entstandene Klappe.

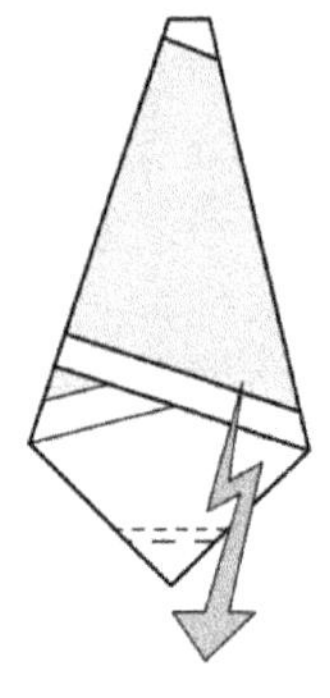

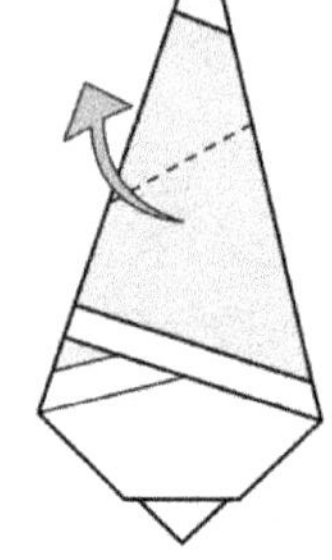

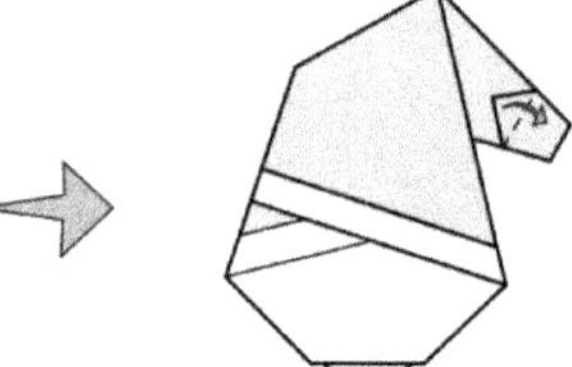

Schritt 6

Falte die untere Ecke wie gezeigt im Zickzackmuster.

Schritt 7

Falte die Oberseite der Figur wie gezeigt schräg nach hinten.

Schritt 8

Falte die Kante dieses Abschnitts nach hinten.

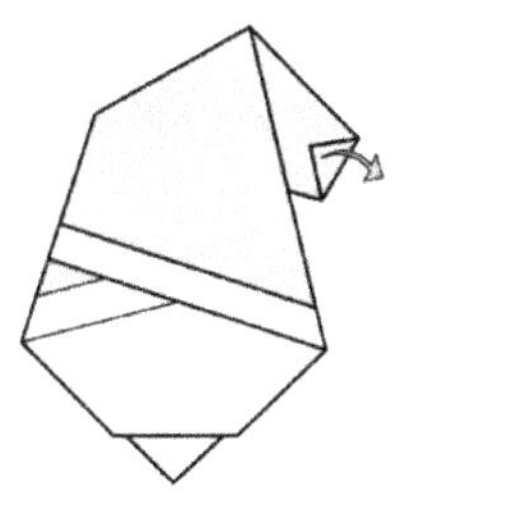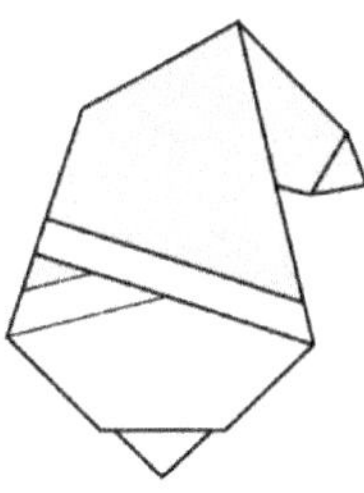

Schritt 9

Klappe die oberste Schicht an der Spitze dieses Abschnitts auf. Das Gesicht der Elfe ist fertig!

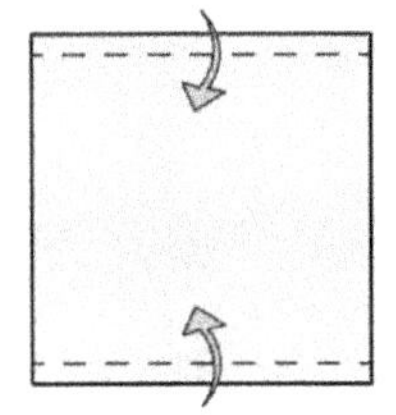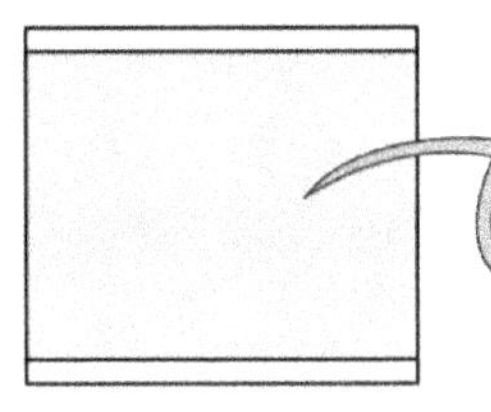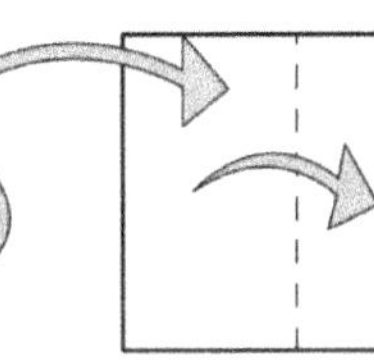

Schritt 10

Nimm das zweite Blatt und falte die Ränder der beiden gegenüberliegenden Seiten ein wenig ein.

Schritt 11

Drehe die Figur um.

Schritt 12

Falte das Blatt vertikal in der Hälfte und entfalte es.

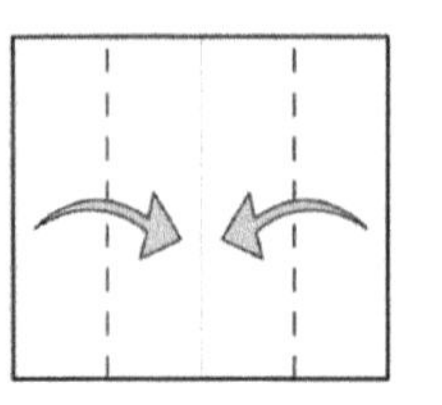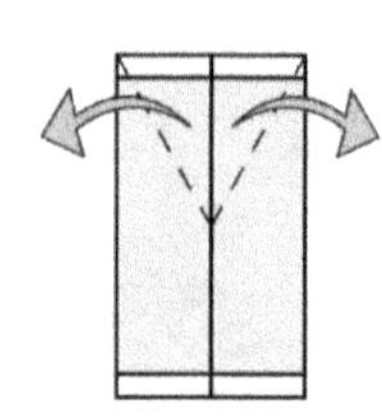

Schritt 13

Bringe beide Seitenkanten zur vertikalen Mittellinie und falte dann die oberen Ecken wie gezeigt nach außen.

Schritt 14

Falte die Oberseite der Figur wie gezeigt nach unten, um den Körper der Elfe zu formen.

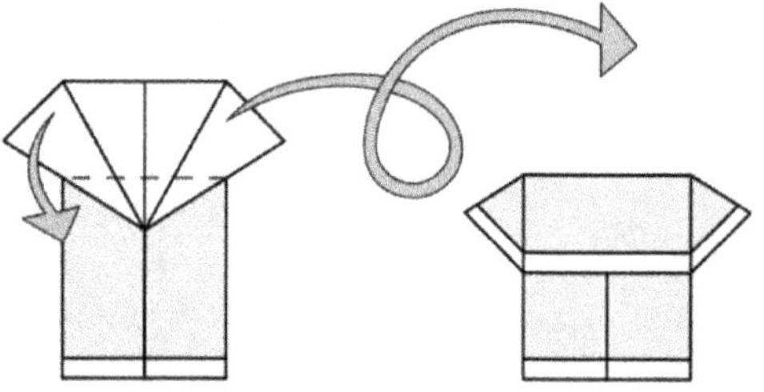

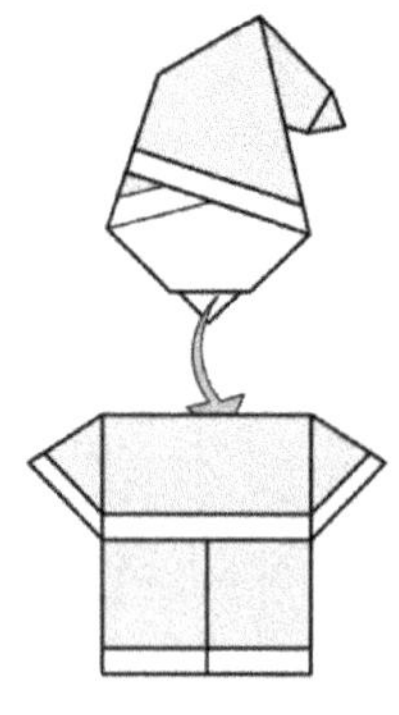

Schritt 15

Benutze die untere Ecke des Elfengesichts mit dem Zickzackmuster, um es auf dem Körper zu fixieren.

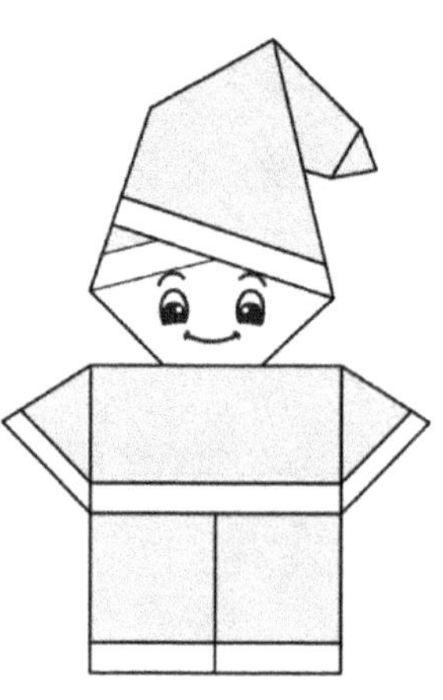

Elf

Rentier

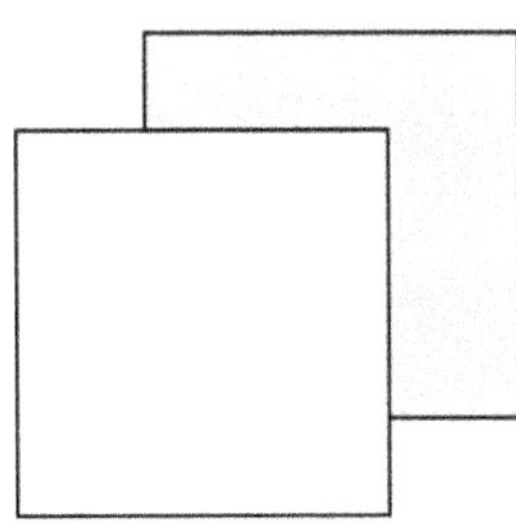

<table>
<tr><td>

Tipp

Für dieses Rentier
brauchst du 2
quadratische Bögen.

</td><td>

Schritt 1

Falte das erste Blatt
diagonal und falte es
so, dass eine vertikale
Falte entsteht.

</td><td>

Schritt 2

Falte das Blatt
in der Hälfte
zusammen.

</td></tr>
</table>

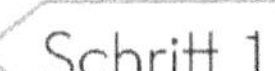

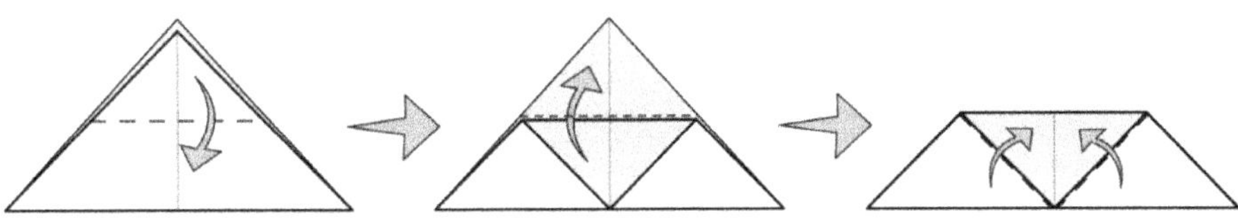

<table>
<tr><td>

Schritt 3

Falte die obere Ecke
der oberen Lage
nach unten, so dass
sie auf die untere
Kante trifft.

</td><td>

Schritt 4

Falte die obere Ecke der
hinteren Lage nach
hinten, sodass sie auf die
untere Kante trifft.

</td><td>

Schritt 5

Falte die beiden
Seitenecken nach oben
zur vertikalen
Mittellinie und lasse
dabei einen kleinen
Spalt zwischen ihnen.

</td></tr>
</table>

Rentier

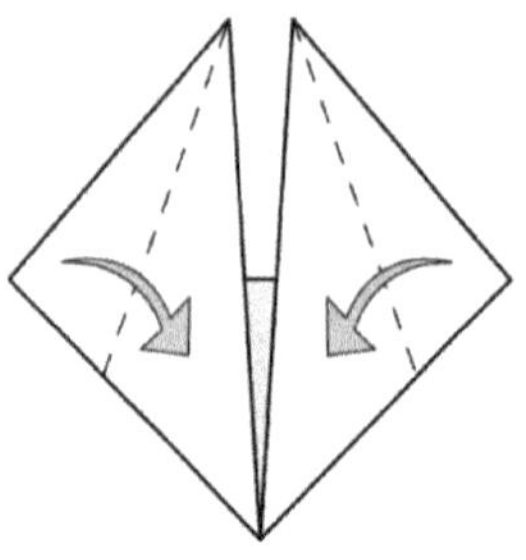 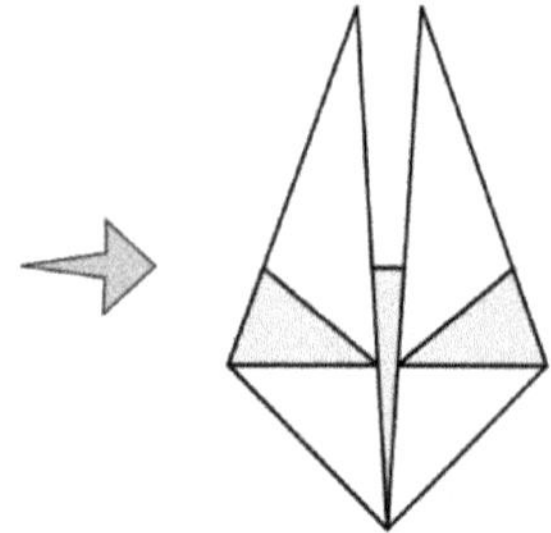

Falte die beiden Seitenecken wie gezeigt in der Hälfte nach unten.

Falte die Oberseite der beiden Ecken wie gezeigt schräg nach unten.

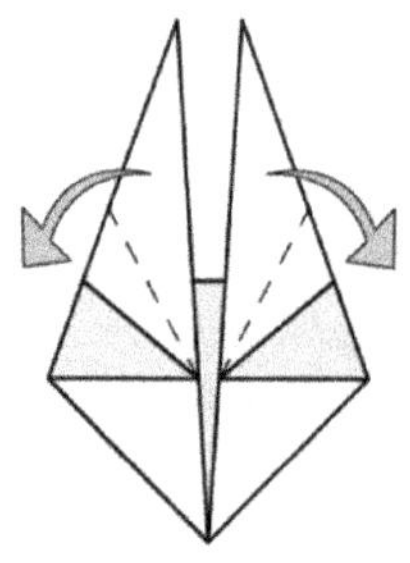 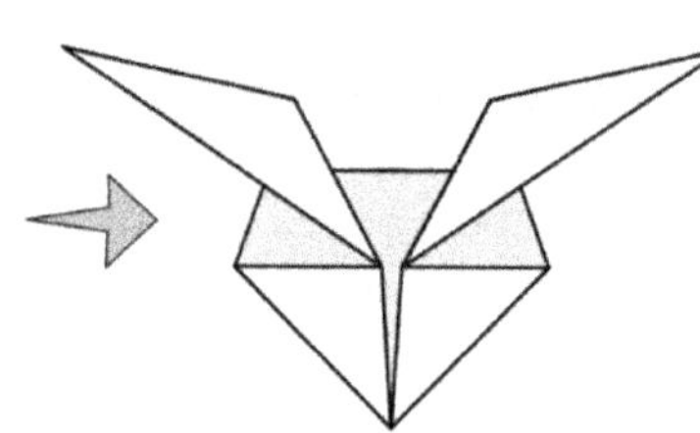

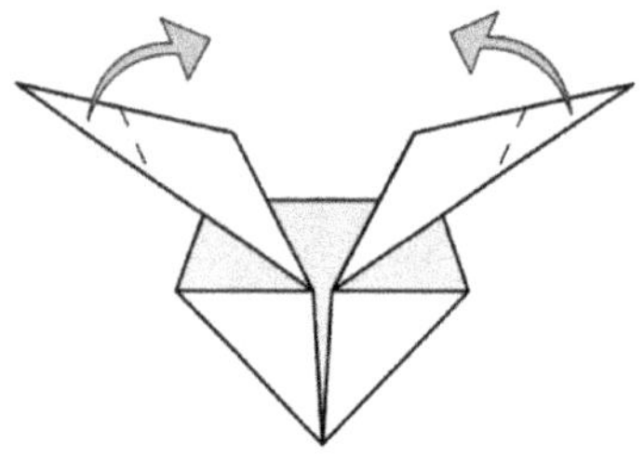

Falte die Spitzen der gleichen Ecken wie gezeigt nach oben. Drehe die Figur um und das Gesicht des Rentiers ist fertig!

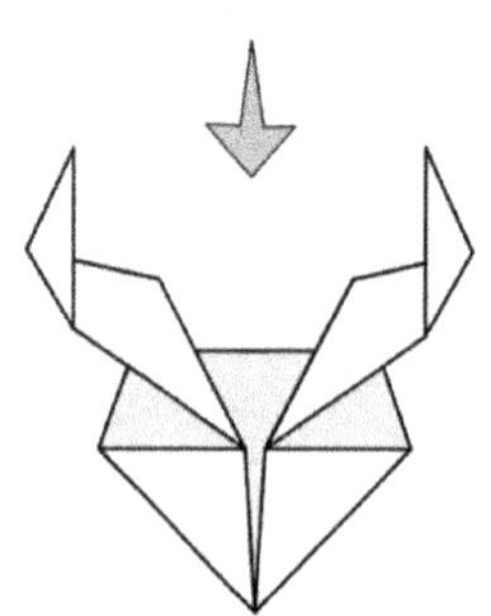 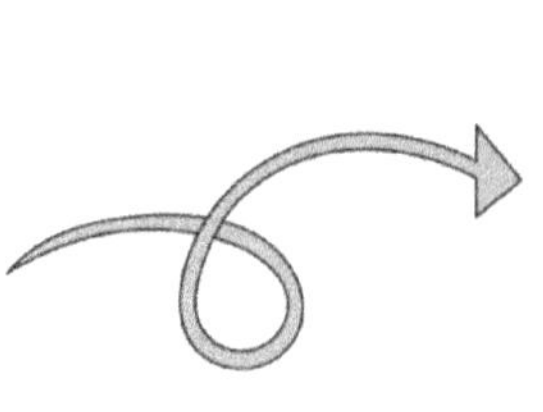 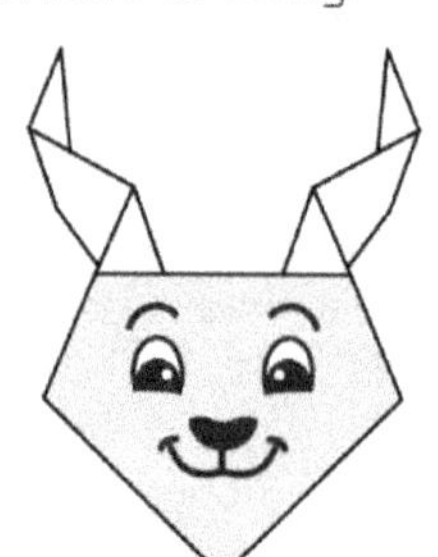

Rentier

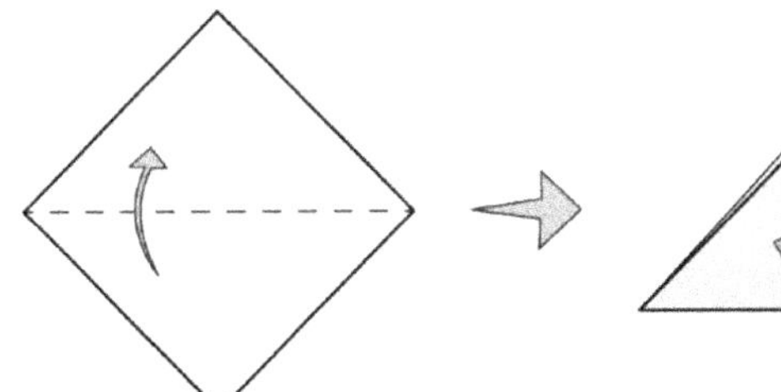

Nimm das zweite Blatt und falte es diagonal nach oben. Dann faltest du es in der Hälfte und faltest es so, dass eine Falte entsteht.

Falte die obere Ecke der Falte die obere Lage nach unten und achte darauf, dass sie wie gezeigt über die untere Kante hinausragt. Falte dann beide Seitenecken zur Mittellinie hin.

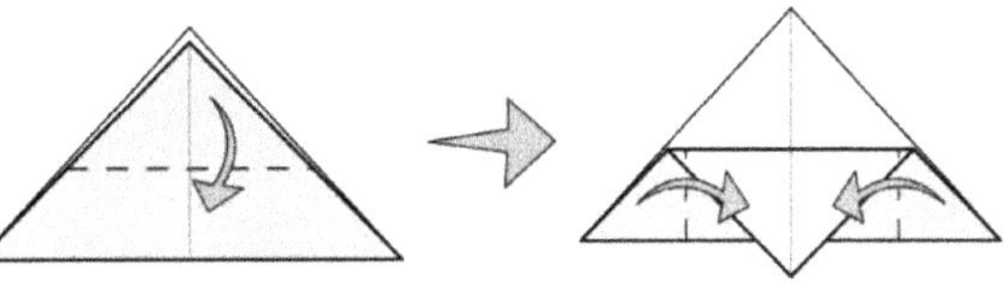

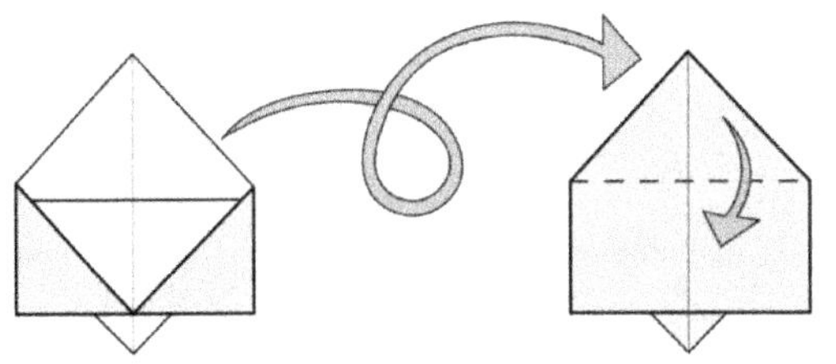

Drehe die Figur um, falte die obere Ecke wie gezeigt nach unten und falte sie so, dass eine Falte entsteht.

Rentier

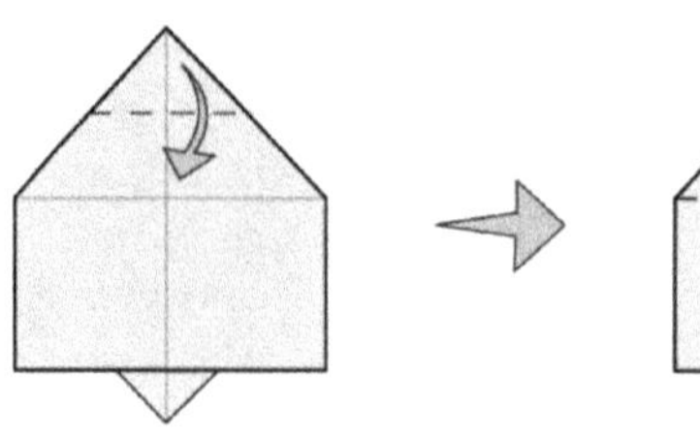

Falte die obere Ecke wieder nach unten, so dass sie auf den Knick trifft, den du gerade gemacht hast, und falte sie dann noch einmal mit demselben Knick.

Falte die Figur in der Hälfte nach hinten und drehe sie auf die Seite. Der Körper des Rentiers ist fertig!

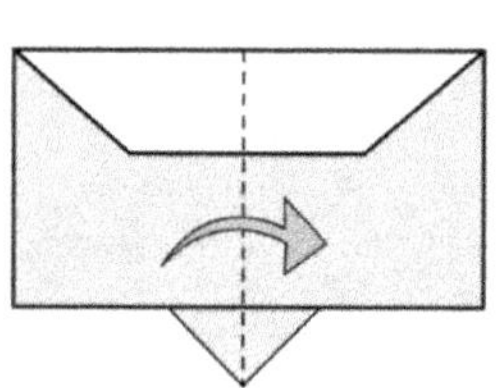 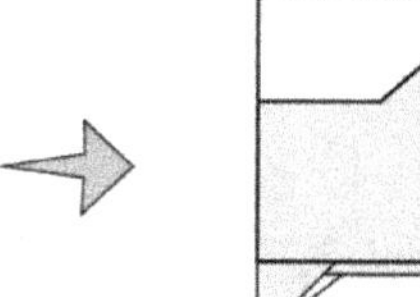

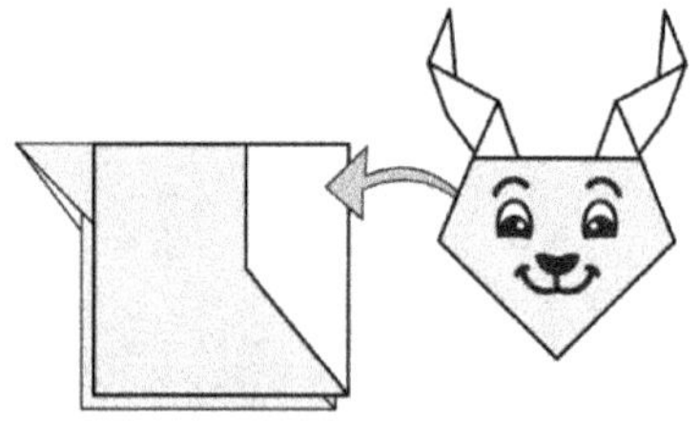

Setze das Gesicht des Rentiers auf den Körper. Geschafft!

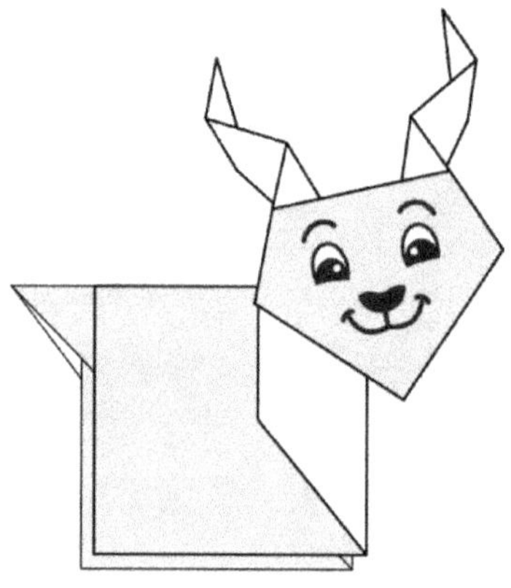

Diamant-Ornament

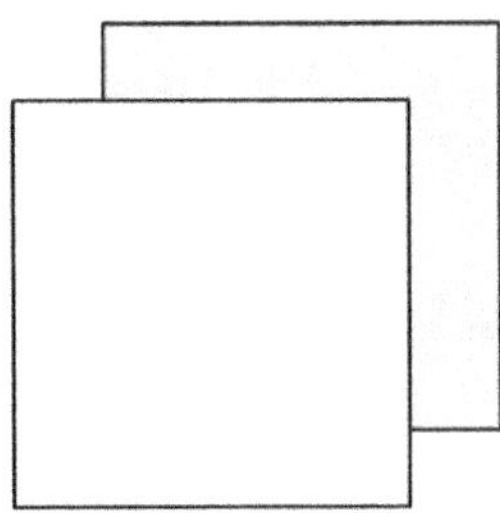

Für dieses Diamant-
Ornament brauchst du
2 quadratische Blätter.

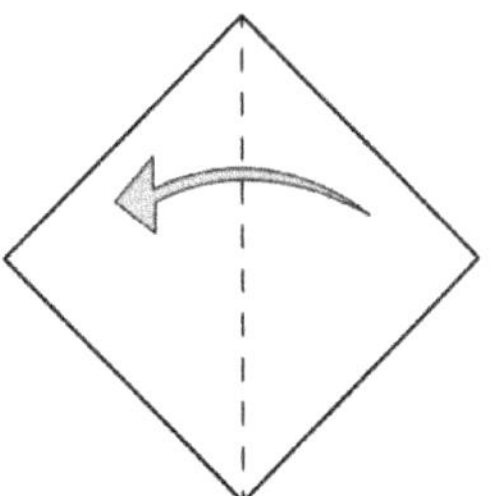

Falte das erste Blatt diagonal
und falte es so, dass eine
vertikale Falte entsteht.

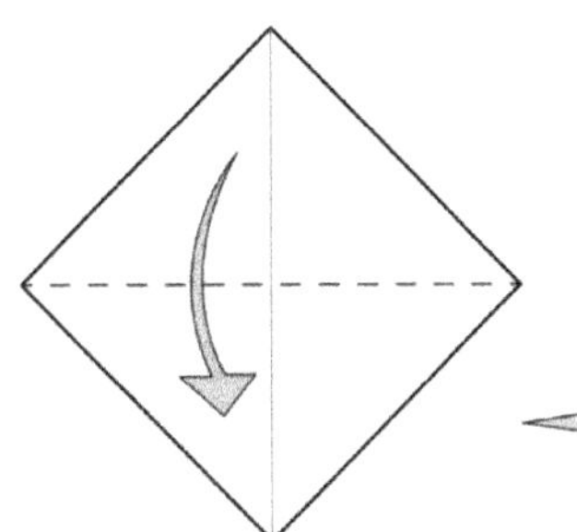

Falte das Blatt in der
Hälfte um.

Falte das Blatt
auf der linken
Seite zur Hälfte.

Falte die oberste
Lage diagonal
nach unten und
entfalte sie so, dass
eine Falte entsteht.

Diamant-Ornament

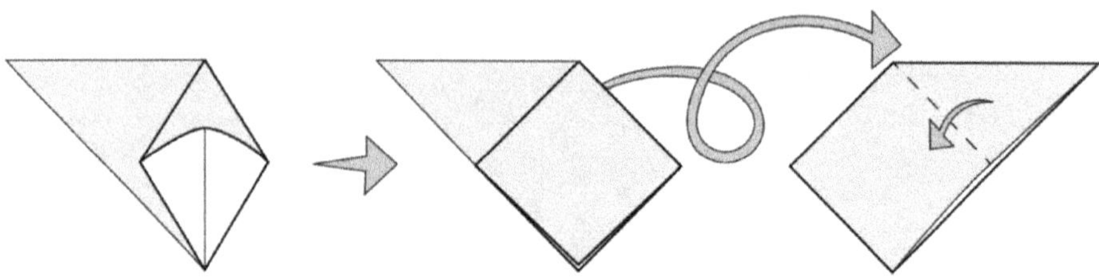

Ziehe nur die oberste Schicht entlang der Falte, die du gerade gemacht hast, nach rechts und glätte sie wie gezeigt. Dann drehst du die Figur um und wiederholst den Vorgang für die andere Seite.

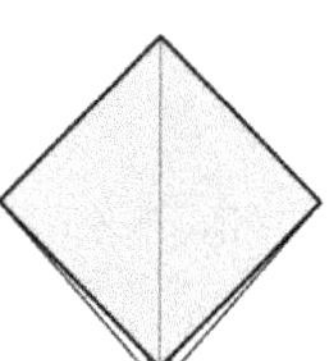

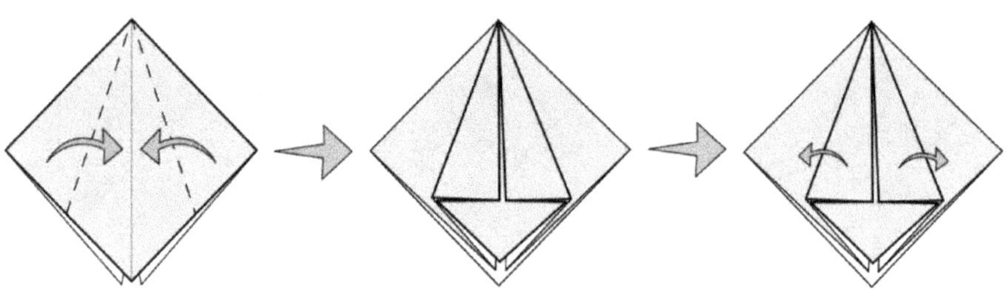

Falte beide Seiten bis zur vertikalen Mittellinie nach unten.

Falte sie auf, um Falten zu machen.

Diamant-Ornament

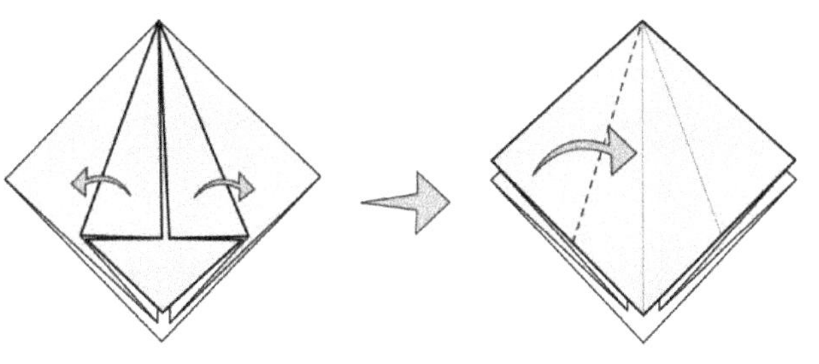

Ziehe nur die oberste Schicht auf der linken Seite entlang der Falte, die du gerade gemacht hast, nach rechts, um sie zu öffnen.

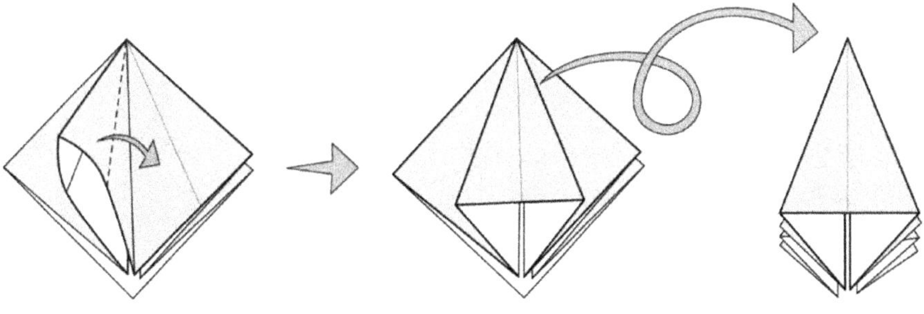

Flache die Figur wie gezeigt ab und drehe sie dann um.

Wiederhole die vorherigen Schritte für die andere Seite.

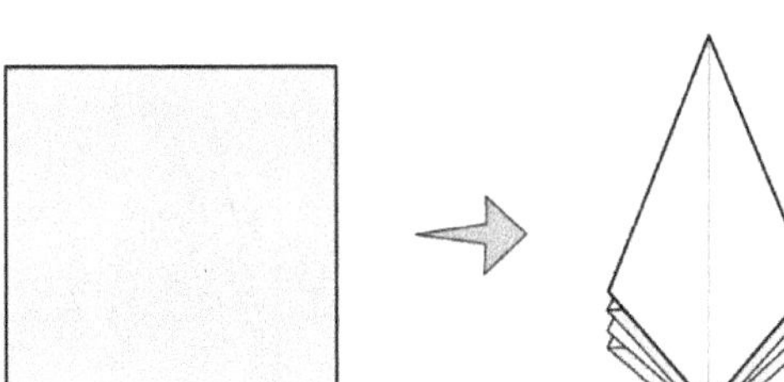

Nimm das zweite Blatt und wiederhole alles, was du bis jetzt gemacht hast, um 2 gleiche Stücke zu machen.

Diamant-Ornament

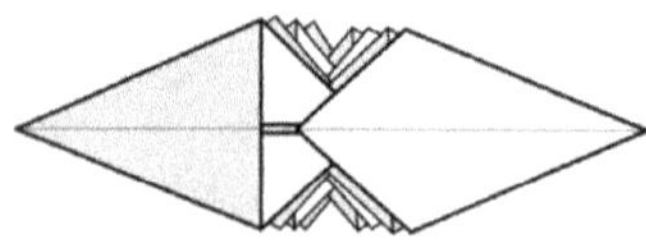

Setze beide Figuren wie gezeigt zusammen, um ihre Klappen zu verriegeln.

Stecke die Klappe der rechten Figur in die Tasche der linken Figur und falte dann beide in der Hälfte zusammen. Jetzt steckst du die Klappe der linken Figur in die Tasche der rechten Figur und faltest beide wieder in der Hälfte zusammen, und so weiter, bis alle Klappen an ihrem Platz sind.

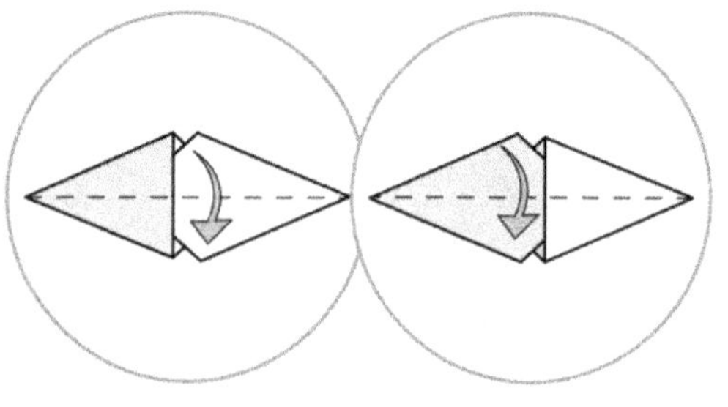

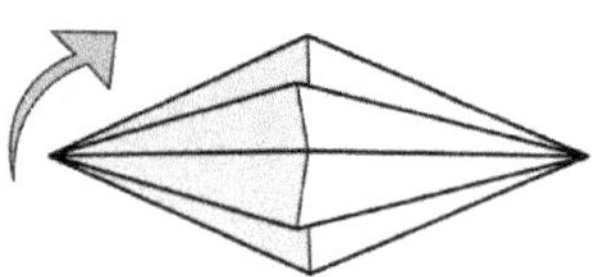

Drehe die Figur und dein Diamant-Ornament ist fertig!

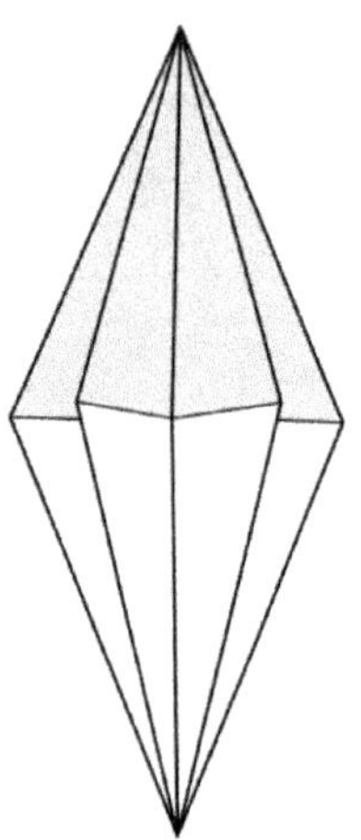

Engel

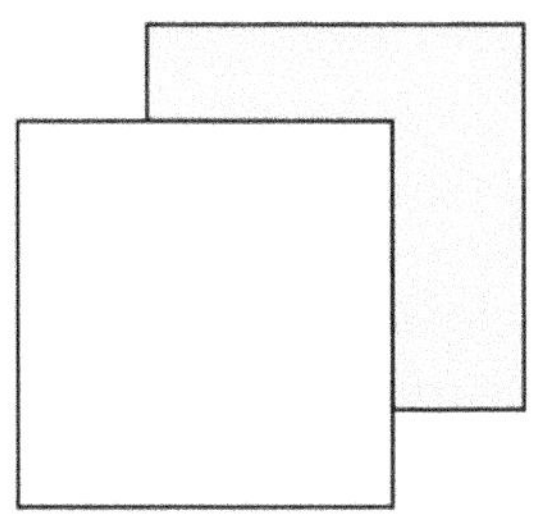

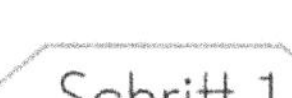

Für diesen Engel brauchst
du 2 quadratische Blätter.

Falte das erste Blatt
diagonal und falte es
so, dass eine vertikale
Falte entsteht.

Falte das Blatt
in der Hälfte
zusammen.

Bringe beide Seiten nach
unten zur vertikalen
Mittellinie und falte sie so,
dass Falten entstehen.
Beginne an dem Punkt, an
dem diese Falten auf die
untere Kante treffen, und
falte beide Ecken nach oben
und innen, sodass sie
zwischen den beiden Lagen
des Blattes enden.

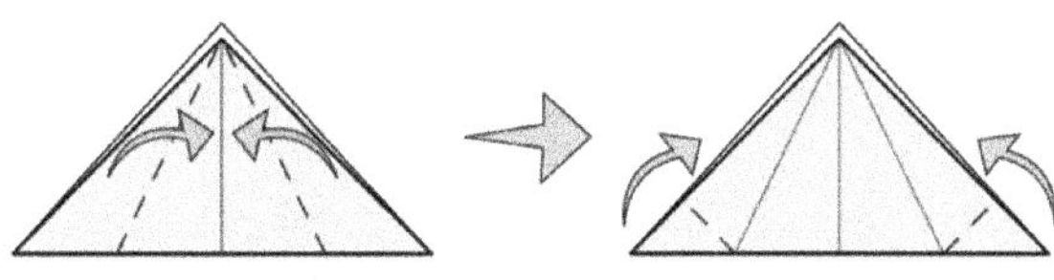

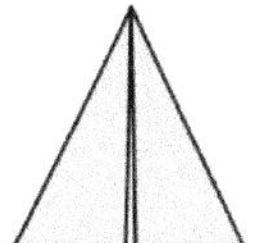

Falte beide Seitenecken
wieder nach unten zur
vertikalen Mittellinie.

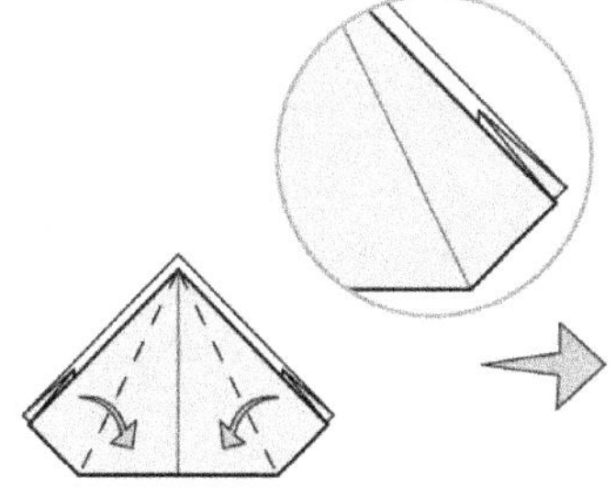

Engel

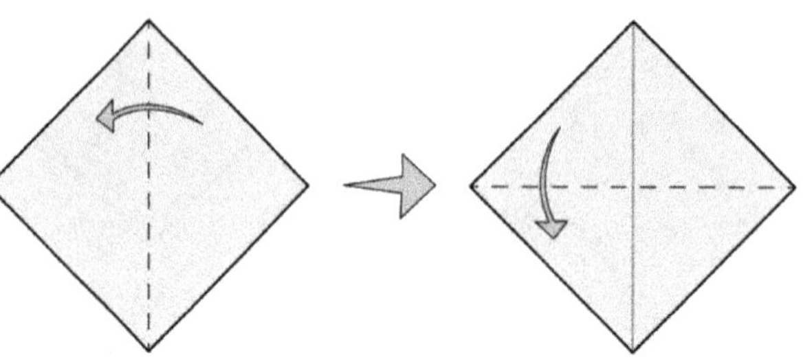

Nimm das zweite Blatt, falte es diagonal und falte es so, dass eine vertikale Falte entsteht. Falte es dann in der Hälfte nach unten.

Schritt 6

Ziehe die rechte Seite der oberen Lage bis zur oberen Kante hoch und falte sie auf. Wiederhole den Vorgang für die andere Seite wie gezeigt.

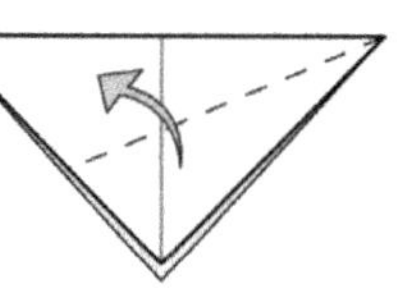  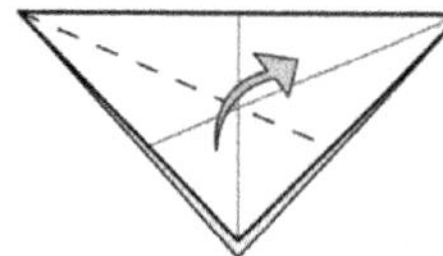

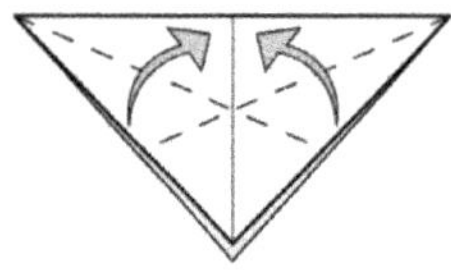  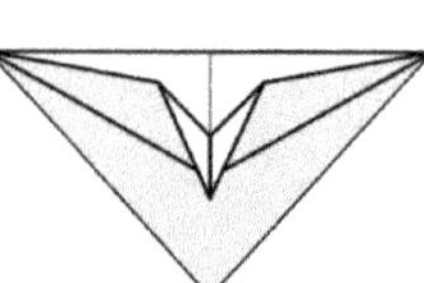

Schritt 7

Verwende die Falten, die du gerade gemacht hast, um die obere Schicht der Figur zu falten. Du wirst sehen, dass sich in der Mitte der Falte eine kleine Klappe bildet.

Engel

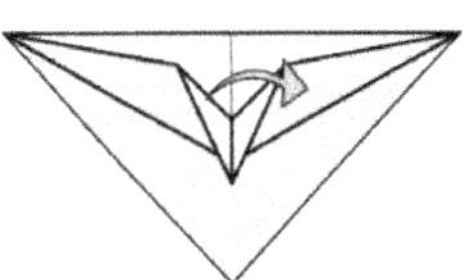  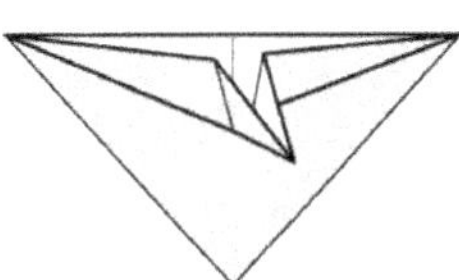

Falte die kleine Klappe nach rechts und glätte sie wie gezeigt.

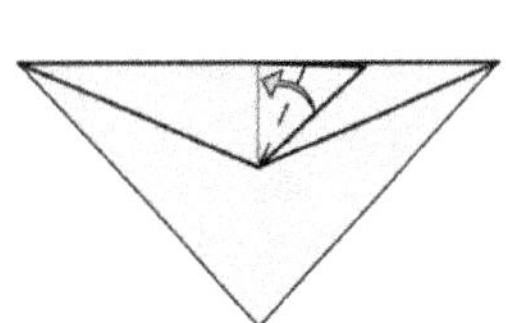 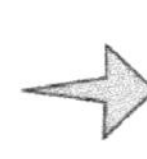 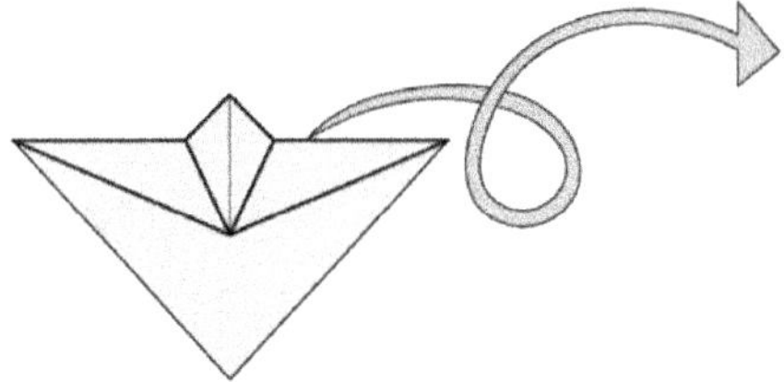

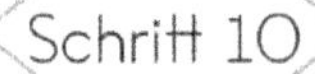

Falte es nun bis zur vertikalen Mittellinie und falte es so, dass eine kleine Falte entsteht. Dann öffnest du es mit dieser Falte und glättest es wie gezeigt.

Drehe die Figur um.

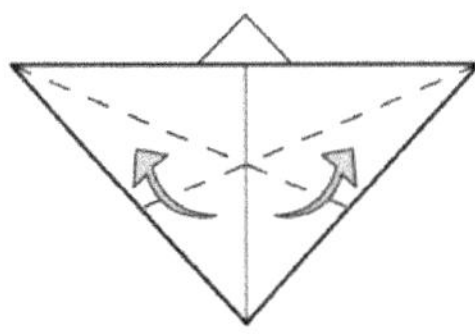  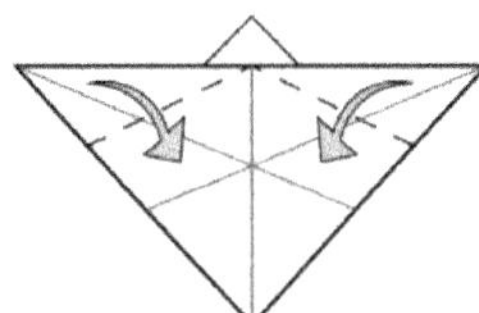

Ziehe die rechte Seite der oberen Lage bis zur oberen Kante hoch und falte sie auf. Wiederhole den Vorgang für die andere Seite wie gezeigt.

Falte dann beide Seitenecken wie gezeigt schräg nach unten.

Engel

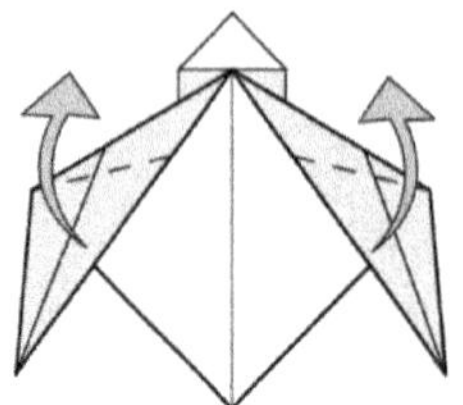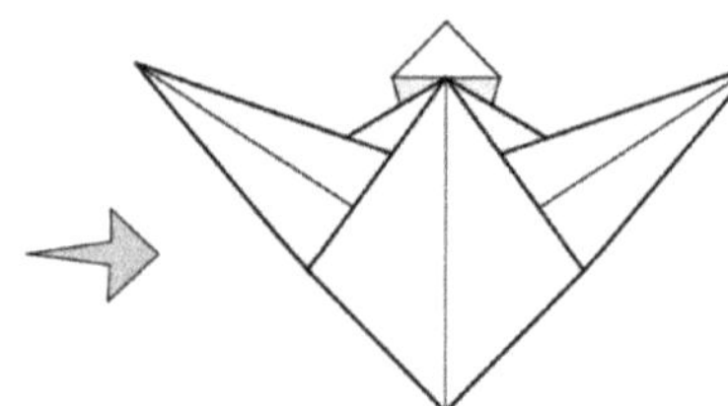

Falte beide Seiten wie gezeigt in einem anderen Winkel wieder nach oben.

Falte die oberen und seitlichen Ecken der unteren Lage wie gezeigt und drehe die Figur dann um.

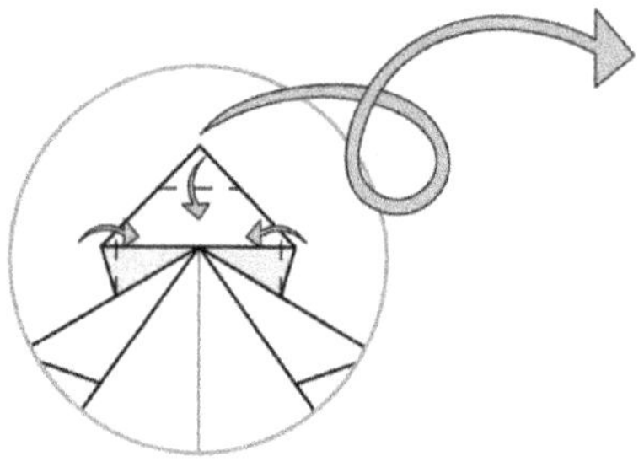

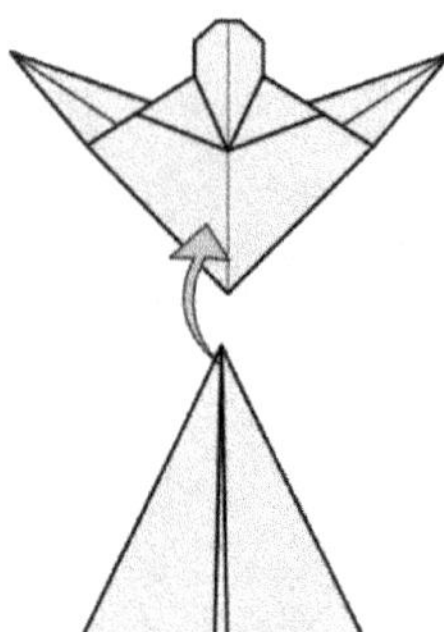

Stecke die erste Figur zwischen die Schichten dieser Figur. Dein Engel ist fertig!

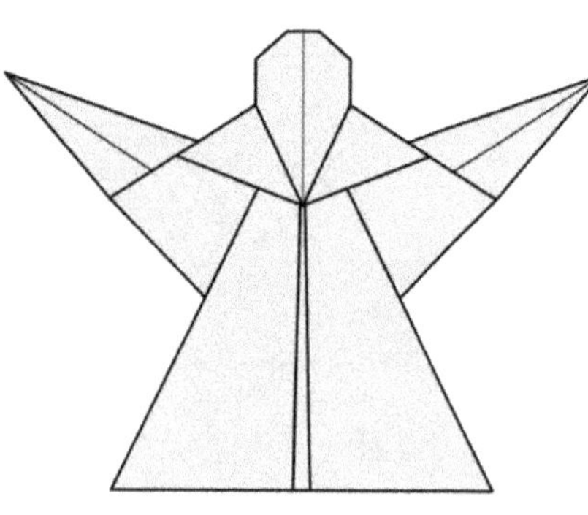

Fazit

Herzlichen Glückwunsch, dass du es bis zum Ende dieses Origami-Buches geschafft hast! Ich bin sicher, dass du jetzt ein Experte in der Kunst bist, Figuren aus Papier zu basteln!

Ich hoffe, diese Reise hat dir Spaß gemacht und du hast mit Origami ein neues Hobby entdeckt. Wenn du weiter lernen und Spaß haben möchtest, dann schau dir unsere anderen Origami-Bücher an, es gibt viele davon!

Wenn dir dieses Buch gefallen hat, würden wir uns über eine Rezension auf Amazon freuen, denn das ist unsere Art, mit dir zu lernen und zu wachsen, um weiterhin lustige und hochwertige Bücher zu schreiben!